LE

RISQUE PROFESSIONNEL

ET LA

RESPONSABILITÉ

EN CAS D'ACCIDENTS

PAR

Marc ABIANE

———◆◆◆◆———

PARIS

L. WARNIER, LIBRAIRE-ÉDITEUR

48, rue Laffitte.

1888

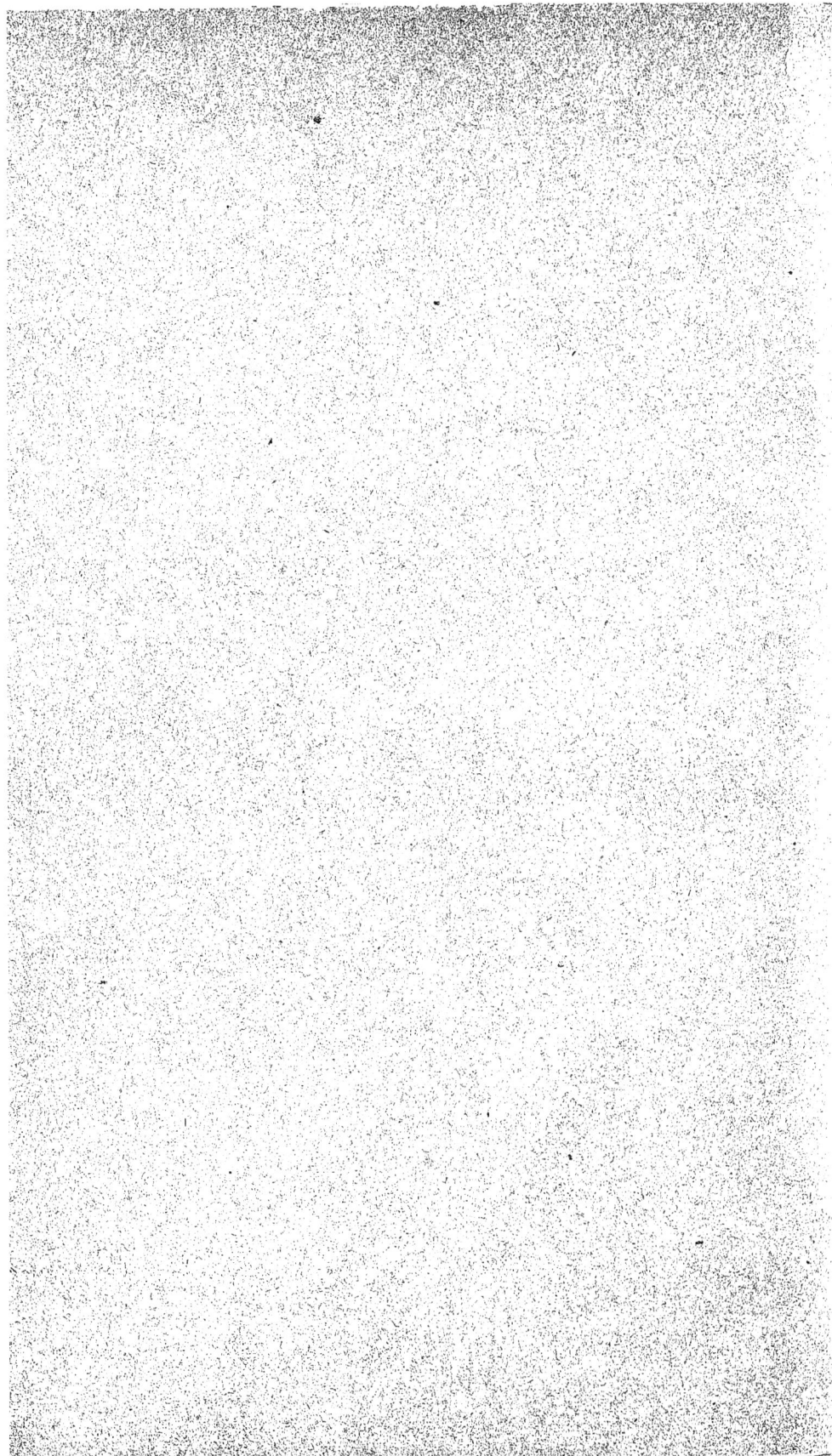

LE
RISQUE PROFESSIONNEL

ET LA

RESPONSABILITÉ

EN CAS D'ACCIDENTS

PAR

Marc ABIANE

PARIS

L. WARNIER, LIBRAIRE-ÉDITEUR

48, rue Laffitte.

1888

AVANT-PROPOS

Un des traits saillants qui caractérisent la fin de notre siècle est, sans contredit, la préoccupation qui se manifeste, presque dans le monde entier d'arriver à apporter à la situation des travailleurs toutes les améliorations que comporte l'état social présent.

Parmi toutes les questions qui intéressent à un si haut degré le monde du travail manuel, se présente, une des premières, celle qui a trait à la responsabilité en cas d'accidents industriels.

Certaines nations ont cru trouver une solution du problème dans une législation spéciale établissant l'assurance obligatoire, d'autres ont apporté au droit commun certaines modifications.

En France, le Parlement est saisi depuis plusieurs années de différents projets de loi et propositions qui ont donné lieu à un rapport d'une Commission parlementaire et à une proposition de loi (1).

Nous nous proposons, dans les pages qui vont suivre, d'examiner cette proposition. Nous étudierons le principe sur lequel elle repose et l'application que la Commission a cru devoir en faire.

---

1. Rapport et proposition de loi déposés par M. Duché, député, au nom de la Commission chargée d'examiner le projet de loi et les propositions concernant la responsabilité des accidents dont les ouvriers sont victimes dans leur travail.

N° 2150 annexe au procès-verbal de la séance du 28 novembre 1887.

Membres de la Commission :

MM. Martin NADAUD, *Président.*   MM. RICARD.
  JUMEL, *Secrétaire.*   Comte Albert DE MUN.
  LAGRANGE.   TRYSTRAM.
  GUILLAUMOU.   AUJAME.
  CHAVOIX.   DUCHÉ (Loire).
  Félix FAURE.

LE

RISQUE PROFESSIONNEL

ET LA

RESPONSABILITÉ

EN CAS D'ACCIDENTS

CHAPITRE PREMIER

Législations étrangères.

Il nous paraît utile, pour permettre de juger en parfaite connaissance de cause la portée de la proposition soumise au Parlement français et l'innovation qu'elle contient, de donner, avant de commencer l'étude que nous allons entreprendre, un aperçu sommaire des principales législations étrangères sur la responsabilité des chefs d'entreprise en matière d'accidents.

ALLEMAGNE. — Aux termes de la loi du 6 juillet 1884, tous les ouvriers des usines, mines, fabriques, chantiers et ateliers occupant au moins dix ouvriers doivent donner lieu, de la part des chefs d'entreprise qui les emploient, à une assurance organisée sous la forme d'associations mutuelles dénommées corporations.

Ces corporations qui doivent grouper les mêmes industries ou des industries similaires peuvent s'étendre à tout l'Empire ou à certaines régions territoriales.

Elles sont gérées uniquement par les patrons qui se répartissent tous les ans les charges de l'assurance proportionnellement aux salaires payés par chacun d'eux et en tenant compte du danger spécial que présente chaque industrie d'après un tarif de risques établi par la corporation qui peut imposer à ses membres toutes les mesures de précaution qu'elle jugera utiles pour prévenir les accidents.

Mais, contrairement aux principes de l'assurance mutuelle, les corporations ne sont pas tenues de verser le capital afférent aux pensions qu'elles doivent payer; chaque exercice ne supporte que la charge des annuités correspondant à ces pensions. De plus, pendant les onze premières années, elles doivent constituer des réserves au moyen d'un paiement annuel supplémentaire égal à un multiple décroissant des sommes concernant les secours et les pensions.

L'administration des corporations ou des sections qu'elles peuvent comprendre se compose d'une Assemblée générale, d'un comité élu par l'Assemblée, de délégués locaux appelés « hommes de confiance » et enfin, d'un tribunal arbitral, juge des contestations entre patrons et ouvriers.

La victime d'un accident est soignée pendant les treize premières semaines de la maladie aux frais de la caisse de maladie, et reçoit une pension fixée en principe aux deux tiers de son salaire journalier moyen. La famille d'un ouvrier tué peut recevoir jusqu'à 60 0/0 du même salaire réparti en pensions de quotités différentes, 20 0/0 pour la veuve, 15 0/0 pour chaque enfant.

Les juridictions d'appel contre les décisions du Comité de l'association sont :

1° Le tribunal arbitral de la corporation où siègent deux ouvriers sur cinq membres y compris le délégué du gouvernement ;

2° L'Office impérial des assurances, séant à Berlin, qui se compose de deux ouvriers, deux patrons, deux jurisconsultes et cinq délégués des États confédérés.

Outre ces attributions judiciaires, il appartient encore à l'Office impérial de veiller à l'observation des prescriptions légales et statutaires et de statuer sur les contestations ayant trait à l'interprétation des statuts et à la validité des élections ; il peut procéder en tout temps à la vérification des opérations des corporations.

La puissante organisation de l'Office impérial met, en réalité, entre les mains du gouvernement les corporations dont la liberté d'action, d'ailleurs strictement réglementée, se trouve ainsi fort restreinte.

Enfin, une corporation reconnue incapable de faire face aux charges qui lui incombent, peut être dissoute par le Conseil fédéral et dans ce cas, ses droits et obligations sont transférés à l'Empire.

L'avenir seul pourra permettre d'apprécier les conséquences financières de cette disposition qui équivaut à la garantie de l'État donnée indirectement pour assurer le paiement des indemnités.

Nous devons ajouter que deux autres lois ont encore élargi le cercle de l'assurance. Aux termes de la loi du 28 mai 1885, elle doit s'étendre à tous les employés des chemins de fer, postes, télégraphes, arsenaux, constructions publiques et, d'après la loi du 5 mai 1886, l'assurance contre les accidents doit encore comprendre les ouvriers agricoles et forestiers.

AUTRICHE. — Dans le courant de l'année 1883, le Gouvernement autrichien présenta aux Chambres un projet de loi établissant l'assurance obligatoire contre les accidents.

Ce projet, après avoir subi diverses modifications opérées soit par la Chambre des députés, soit par la commission de l'industrie, soit même par le Gouvernement, est revenu le 17 février 1887 à la Chambre des députés à la suite de légers changements que lui avait fait subir la Chambre des Seigneurs. Comme il sera très vraisemblablement approuvé dans un délai très rapproché nous croyons, surtout après les votes auxquels il a déjà donné lieu, pouvoir le considérer comme devant être incessamment la loi en matière d'accidents et, à ce titre, nous croyons devoir en tenir compte en signalant uniquement les points par lesquels il diffère de la loi allemande du 6 juillet 1884 sur laquelle il a été pour ainsi dire calqué, le principe et les grandes lignes étant absolument les mêmes.

L'assurance serait plus restreinte qu'en Allemagne; elle ne s'étendrait qu'aux industries qui emploient des machines et dans la grande exploitation agricole.

L'étendue du cercle d'action des corporations serait limitée à des circonscriptions territoriales.

Comme différence importante entre les deux organisations, il convient de remarquer qu'en Autriche toute indemnité donnerait lieu au versement d'un capital à fournir par la corporation qui devrait ainsi liquider tous les ans les charges de chaque exercice, sans grever l'avenir, comme en Allemagne, au bénéfice du présent. Ce mode de procéder est le plus équitable et le seul en rapport avec les nécessités de l'assurance mutuelle.

Les ouvriers participeraient aux charges des corporations dans la pro-

portion minime de 10 0/0 et, par suite, ils prendraient part à l'administration.

Les secours concernant la maladie seraient donnés par la corporation
à toute victime d'un accident à partir de la cinquième semaine, tandis
que la loi allemande les a reportés à la quatorzième. Les indemnités pourraient être payées en un capital remis à la victime.

Enfin, l'organisation de l'Office impérial des assurances de Berlin serait
réduite, en Autriche, au rôle d'un comité consultatif institué près le ministre
de l'intérieur qui devrait prendre son avis dans certains cas spécifiés dans
la loi.

Cette différence importante est la meilleure des preuves que dans les
deux pays les deux lois n'ont pas été conçues dans le même esprit politique.

SUISSE. — « La responsabilité civile des fabricants » est réglée en Suisse
par une loi du 25 juin 1881, qui a adouci les dispositions fort rigoureuses
d'une loi précédente promulguée le 23 mars 1877 sur le travail dans les
fabriques.

Le patron est non seulement responsable en cas d'accident, mais encore
dans le cas où certaines maladies seraient jugées par le Conseil fédéral
comme devant être la conséquence de l'exploitation de son industrie. Il est
toutefois admis à prouver, soit le cas fortuit ou de force majeure, soit la
propre faute de la victime.

La loi de 1881 a limité à une somme égale à six fois le salaire annuel,
le montant de l'indemnité, sans qu'elle puisse dépasser six mille francs,
tandis que sous le régime de la loi précédente, l'estimation du dommage
était laissée à l'entière appréciation des tribunaux, qui, dans certains cas,
ont accordé des indemnités hors de toute proportion avec la gravité de
l'accident. C'est là l'amélioration la plus importante qu'ait apportée à la
situation antérieure la loi du 25 juin 1881.

ANGLETERRE. — Depuis la promulgation de la loi du 7 septembre 1880.
la victime d'un accident a droit à une indemnité, si elle fait la preuve que
l'accident provient du fait du patron ou de son personnel. Elle ne peut
toutefois prétendre à aucun dédommagement, si l'accident est dû à un cas
fortuit ou de force majeure et s'il peut lui être reproché de n'avoir pas
prévenu ses chefs des faits et des circonstances qui ont causé l'accident et
dont elle aurait eu connaissance. L'indemnité est fixée par la loi à trois
fois le salaire annuel présumé d'un ouvrier travaillant dans les mêmes
conditions que la victime.

BELGIQUE. — Le code civil belge ne reconnaît à l'ouvrier blessé ou à ses ayants droit, si l'accident a été mortel, un droit à une indemnité que si la faute du patron est prouvée.

La commission du travail instituée en 1886 propose de modifier cette situation en mettant, à la charge de la partie qui serait reconnue en faute, les conséquences de la responsabilité qu'elle encourrait. Ainsi la faute du patron ou de ses agents constituerait pour la victime d'un accident un droit à une indemnité, mais la faute de l'ouvrier blessé le priverait de tout dédommagement. Quant aux accidents provenant d'un cas fortuit ou de force majeure, ils donneraient lieu à une assurance dont les frais incomberaient aux patrons et qui permettrait de donner aux victimes des pensions viagères.

Les tribunaux saisis d'une contestation devraient statuer dans les trois mois.

ITALIE. — Le Parlement italien a été saisi, en 1885, par le Gouvernement, d'un projet de loi sur la matière. Le cas fortuit ou de force majeure ainsi que le fait de la victime doivent être prouvés par le patron et ses représentants, qui sont solidairement responsables de tout accident tant que cette preuve n'aura pas été faite.

La loi ne détermine que le minimum de l'indemnité à laquelle la victime pourra avoir droit, laissant aux tribunaux le soin de la fixer définitivement suivant les conséquences des blessures et les circonstances dans lesquelles l'accident s'est produit.

Tout ouvrier blessé a droit à l'assistance judiciaire et les jugements rendus, comme en matière sommaire, sont exécutoires nonobstant appel ou opposition.

Enfin, une loi du 8 juillet 1883, approuvant une convention passée entre le ministre de l'agriculture, de l'industrie et du commerce, avec plusieurs caisses d'épargne du royaume, a organisé une caisse d'assurance contre les accidents dont l'administration a été confiée à la caisse d'épargne de Milan.

L'assurance peut être individuelle ou collective.

Si elle est collective, elle peut être contractée, soit par le patron en faveur de tous ses ouvriers, soit par les ouvriers réunis en associations, soit enfin, en même temps, par le patron et les ouvriers.

La responsabilité à laquelle sont exposés les patrons peut être aussi l'objet de l'assurance qui, dans ce cas, est soumise à des conditions spéciales.

Les industries qui peuvent donner lieu à l'assurance sont au nombre de 684 divisées en quatorze classes de risques.

A chaque classe de risque correspondent des primes spéciales afférentes aux différentes formes de l'assurance prévues dans la loi.

Nous devons retenir de ce rapide examen, que sauf en Allemagne et en Autriche où la responsabilité individuelle est absorbée par une responsabilité collective, celle de la corporation, le cas fortuit ou de force majeure ainsi que la faute de la victime ne font jamais encourir au patron une responsabilité dont il ne puisse dans aucun cas se dégager.

Cette observation fera ressortir toute la rigueur de la responsabilité que la commission parlementaire propose de faire peser sur l'industrie française.

CHAPITRE II

Projet et propositions de loi soumis aux Chambres françaises.

En France, différentes propositions furent déposées sur le bureau de la Chambre des députés pendant la précédente législature, par MM. Martin Nadaud, Peulevey, Félix Faure et H. Maret. Ces propositions donnèrent lieu à un rapport qui fut discuté seulement en première lecture, car la fin de la législature ne permit pas une seconde délibération.

Après les élections législatives du 4 octobre 1885, la question fut reprise par M. Lagrange qui s'appropria et présenta le texte voté le 23 octobre 1884 par la Chambre précédente.

MM. Rouvier, de Mun, Félix Faure et Keller déposèrent successivement diverses propositions et M. Lockroy, alors ministre du commerce et de l'industrie, présenta, le 2 février 1886, un projet de loi au nom du Gouvernement. Ces divers projet et propositions furent renvoyés à une commission au nom de laquelle M. Duché a déposé, le 28 novembre dernier, un rapport et une nouvelle proposition.

L'objet de ce travail étant uniquement d'examiner la proposition adoptée par la commission parlementaire qui, d'ailleurs, a donné à la question une solution toute nouvelle, il nous paraît sans grand intérêt d'entreprendre un examen approfondi des différentes combinaisons au moyen desquelles on a essayé de résoudre la grave question de la responsabilité en cas d'accidents industriels. Nous croyons toutefois devoir indiquer sommairement les principes de droit sur lesquels reposent les différents systèmes proposés.

M. Lagrange déclare que le chef d'industrie est présumé responsable des accidents survenus à ses ouvriers, sauf pour les cas fortuits ou de force majeure, ou s'il était prouvé que l'imprudence de l'ouvrier a seule causé l'accident.

De plus, en vertu du risque professionnel, l'industriel doit venir en aide à tout ouvrier ou employé victime d'un accident.

M. Rouvier admet le risque professionnel sans modifier la responsabilité de l'industriel telle qu'elle résulte actuellement des articles 1382 et suivants du Code civil, mais il établit une assurance obligatoire dont les charges seraient réparties en parties égales entre les patrons et les ouvriers, pour parer aux éventualités du risque professionnel.

Le projet de loi de M. Lockroy repose, comme la proposition de M. Rouvier, sur l'assurance obligatoire supportée en parties égales par les patrons et les ouvriers, en ce qui concerne le risque professionnel. Mais, cependant, en dehors de ce risque, le chef d'entreprise est frappé d'une présomption de responsabilité dont il ne pourrait se dégager qu'en prouvant le cas fortuit ou de force majeure, ou encore l'imprudence de la victime.

M. Félix Faure n'apporte au droit commun aucune modification ; il établit seulement contre le patron une responsabilité spéciale à raison du risque professionnel en vertu duquel un secours serait dû à tout ouvrier victime d'un accident dans l'exécution de son travail.

D'après la proposition de M. le comte de Mun, le droit commun serait maintenu, mais il serait créé des caisses d'assurances corporatives libres qui, constituées par régions territoriales et basées sur le principe de la mutualité, seraient administrées par les patrons et les ouvriers. Ces derniers contribueraient à l'alimentation des caisses pour un quart au maximum.

Les patrons qui refuseraient de faire partie de ces caisses ou qui ne paieraient pas leurs cotisations, supporteraient individuellement les charges provenant des accidents ; ils seraient tenus de déposer à la Caisse des Dépôts et Consignations le capital des pensions qu'ils pourraient devoir aux victimes d'un accident.

M. Keller, à titre d'amendement à la proposition de M. de Mun, propose d'édicter l'obligation, pour le patron, d'assurer ses ouvriers contre les accidents provenant des risques industriels et au sujet desquels la preuve d'une faute n'aurait été faite ni contre eux ni contre lui, sous peine de devoir à l'ouvrier, victime d'un accident, ou à ses ayants droit une rente égale à celle qui est accordée par la loi du 11 juillet 1868, pour paiement de la cotisation de 8 francs.

Enfin, ces projet et propositions déterminent le montant des indemnités ou pensions que recevraient la victime d'un accident, suivant les conséquences des blessures, ou ses ayants droit, si la mort survenait.

Ainsi donc, d'après l'énonciation succincte qui précède des principes dont se sont inspirés, à l'exception de MM. de Mun et Keller, les membres du Parlement qui ont entrepris de réglementer la responsabilité des industriels en cas d'accidents survenus à leurs ouvriers, il y aurait, pour ce que l'on appelle la grande industrie, création par la loi d'un risque spécial dit professionnel, création motivée par les circonstances particulières de milieu et d'outillage dans lesquelles elle s'exerce. Ce risque comporterait la responsabilité absolue du patron et donnerait naissance, par le seul fait de l'accident, au droit pour la victime d'exiger une indemnité, indépendamment de l'application, qui pourrait toujours avoir lieu, des articles 1382 et suivants du Code civil.

MM. Lagrange et Lockroy, estimant sans doute que la situation qui serait faite, dans ces conditions, par la loi à l'ouvrier ne constituerait pas encore une protection suffisante, proposent en outre d'établir contre le patron, par une dérogation au droit commun, une présomption formelle de responsabilité, c'est-à-dire de faute, en cas d'accidents arrivés pendant le travail sauf, toutefois, s'il prouve le cas fortuit ou de force majeure ou bien l'imprudence de la victime.

PROPOSITION DE LA COMMISSION PARLEMENTAIRE

CHAPITRE III

1° — Son principe.

La Commission parlementaire, cependant, n'a pas cru que, quand il s'agit d'établir législativement un privilège en faveur d'une catégorie de citoyens, il pouvait être permis de s'arrêter à mi-chemin dans la voie de l'arbitraire, et elle a été d'avis qu'il fallait poser en principe, contre le patron, non une simple présomption de faute, mais que la loi devait déclarer en faute et par suite responsable tout industriel dans l'établissement duquel survient un accident.

Telle est la véritable portée du principe inscrit dans l'article 1er de la proposition de la Commission, bien que le rapporteur se défende d'apporter au droit commun la moindre modification.

L'article 1er, en effet, est ainsi conçu :

« Tout accident survenu dans leur travail aux ouvriers.............. donne droit, au profit de la victime ou de ses ayants droit, à une indemnité dont l'importance et la nature sont déterminées ci-après.

Cette indemnité est à la charge du chef de l'entreprise, quelle qu'ait été la cause de l'accident.

Toutefois, il ne sera dû aucune indemnité à la victime qui aura volontairement provoqué l'accident. »

Le rapporteur a entrepris la tâche difficile de prouver, pour justifier les prescriptions qui précèdent, que *c'est en développant au contraire et en précisant les conséquences naturelles du droit commun français qu'elle* (la Commission) *a cherché et qu'elle espère avoir trouvé la solution désirée.*

2°. — Législation et jurisprudence actuelles.

Nous sommes donc amenés à rechercher si, en effet, la solution désirée découle réellement des conséquences du droit commun français et si la Commission n'en a fait, comme elle le prétend, qu'une saine et équitable application.

Comme le dit très justement le rapport : « le principe fondamental d'où découle le droit pour la victime d'un accident de réclamer une indemnité, est inscrit dans le Code civil aux articles 1382 et suivants. » Mais l'article 1382 subordonne l'obligation de réparer un dommage causé à l'existence d'une faute commise par l'auteur du dommage ; et quoique les articles qui le suivent établissent une présomption de faute dans certains cas et à l'égard de certaines personnes, il n'en est pas moins certain que la faute constitue toujours le principe de la responsabilité. Tous les auteurs sont unanimes sur ce point.

Par application des articles 1382 et 1383 dans les cas d'accidents survenus pendant le travail, et conformément aux principes généraux du droit relatifs à la preuve, l'ouvrier victime d'un accident doit, pour obtenir une indemnité, prouver la faute du patron qui l'occupe. Toutefois, quand l'accident est causé par une machine qui peut être considérée comme incorporée aux bâtiments, la jurisprudence admet, qu'aux termes de l'article 1386, la preuve doit être limitée à la démonstration du défaut d'entretien ou du vice de construction.

En dehors des principes généraux formulés dans les articles 1382, 1383 et du cas spécial prévu par l'article 1386, on rencontre encore dans le Code civil l'article 1384 qui édicte la responsabilité du fait des personnes dont on doit répondre et du fait des choses que l'on a sous sa garde.

La portée de cet article, en ce qui concerne la responsabilité du fait des choses que l'on a sous sa garde, est très controversée et c'est sans doute pour cela que la jurisprudence préfère, pour ne pas sortir de la vérité juridique, s'en tenir aux principes généraux estimant qu'une présomption légale de faute ne se suppose pas et qu'elle ne peut résulter que d'une disposition formelle de la loi.

On peut donc dire que, dans l'espèce, le droit commun français, d'après une interprétation consacrée par une jurisprudence constante et bien établie ne reconnaît à la victime d'un accident, un droit à une indemnité que s'il y a eu faute commise et que si elle fournit la preuve de cette faute.

Que cette situation légale ne soit pas parfaite en ce qui concerne les ouvriers employés dans l'industrie, nul ne le conteste. Que la charge de la preuve qui leur incombe ne soit pour eux fort onéreuse, que cette preuve soit même, dans certains cas, fort difficile et même impossible à faire, tout le monde le reconnaît. Nous reconnaissons, bien volontiers avec l'auteur du rapport, que le régime actuel est susceptible d'une grande amélioration, mais nous ne pouvons considérer, avec lui, comme une amélioration, la solution qu'il propose, et encore bien moins admettre la manière dont il la justifie. D'abord, une solution, appelée à régler un état de chose entre deux personnes et qui sacrifie l'une à l'autre, n'est pas une solution ; ce n'est qu'un coup de force et quand ce coup de force est opéré par le législateur, il constitue une iniquité d'autant plus révoltante que, pour son accomplissement, la force publique peut être requise.

La commission a bien pensé que, ce n'était pas au nom de l'équité et en vertu de la nature des choses, qu'elle pouvait sacrifier le patron à l'ouvrier, en formulant que, dans tous les cas d'accidents, le premier serait, par la loi, déclaré en faute et par suite rendu responsable.

Aussi, par l'organe de son rapporteur, affirme-t-elle que la solution qu'elle propose n'apporte au droit commun aucune modification ; qu'elle en précise seulement les conséquences naturelles et que le principe fondamental contenu dans les articles 1882 et 1883 et suivants du Code civil « consiste en l'obligation où l'on est de réparer le dommage causé par son propre fait ou par celui des personnes dont on doit répondre et des choses que l'on a sous sa garde ». Elle ajoute : *Ce principe couvre tout le droit pour la victime d'un accident de réclamer une indemnité et il n'y a rien à y changer ni rien à y ajouter.*

Mais ce principe fondamental, invoqué par le rapporteur comme base de la « solution désirée », implique nécessairement une faute de la part du patron, faute sans laquelle le droit à une indemnité ne saurait exister. Comment, dans ces conditions, peut-il être possible qu'en vertu de ce principe auquel il n'y a rien à changer ni rien à ajouter, le chef d'entreprise soit déclaré responsable sans qu'il soit nécessaire de relever contre lui la moindre faute et en admettant même qu'il n'en ait commis aucune, cas que le rapporteur veut bien prévoir en ces termes :

« *Mais en déclarant qu'il y a droit à indemnité, votre Commission n'entend pas imposer une responsabilité spéciale et nouvelle au chef d'entreprise, ni encore moins supposer une faute personnelle de sa part. Elle constate simplement que, l'accident étant arrivé et la victime ne l'ayant pas volontairement provoqué, il est juridiquement dû, « au fait des choses que le chef d'entreprise a sous sa garde.* »

Il n'a cependant pu échapper au rapporteur que le mode d'application de la responsabilité, qu'il détermine, véritable responsabilité automatique, n'a absolument rien de juridique, les principes juridiques concernant la responsabilité devant assurer la réparation d'un dommage causé par des hommes, c'est-à-dire, par des êtres capables de penser et de vouloir et, par suite, capables de commettre une faute qui seule, juridiquement, peut faire naître la responsabilité.

De plus, comme la remarque en a été faite plus haut, « le fait des choses que l'on a sous sa garde » ne peut juridiquement conférer un droit à une indemnité qu'autant que l'existence d'une faute a été prouvée par le demandeur.

Dispenser le demandeur de cette preuve, en privant le défendeur du bénéficede faire la preuve contraire, implique nécessairement une faute du fait des choses que l'on a sous sa garde, et prétendre ne faire que préciser simplement les conséquences du droit commun, c'est là certainement atteindre les dernières limites de l'audace en matière de droit.

3° Le risque professionnel.

Nous arrivons à la difinition du risque professionnel, définition qui n'est rien moins que la condamnation la plus formelle de la thèse si laborieusement soutenue, tant au point de vue du droit qu'au point de vue plus vulgaire de la plus élémentaire équité.

Pour être plus précis, nous reproduisons textuellement le rapport.

« Or qu'est-ce que le risque professionnel, c'est-à-dire le cas fortuit ou de force majeure se produisant dans des entreprises où des forces élémentaires formidables sont enchaînées au service de l'homme, mais toujours prêtes à manifester leur aveugle puissance, qu'est-ce que l'imprévu dans le fonctionnement des appareils destinés à utiliser ces forces redoutables, qu'est-ce que la négligence même de l'ouvrier, amené par une habitude constante à ne plus tenir compte du danger spécial au travail dans un milieu particulier, qu'est-ce que tout cela si ce n'est le *fait des choses que le chef d'entreprise a sous sa garde ?* » D'où la conséquence prise encore textuellement dans le rapport:

« Mais ce risque n'est pas dû à un principe nouvellement reconnu de droit civil ; il était, suivant nous, implicitement et même explicitement contenu dans la responsabilité de droit commun du chef d'entreprise. Ce dernier n'est-il pas, en effet, responsable du fait des personnes à son service et DES CHOSES QU'IL A SOUS SA GARDE ?»

Nous dirons donc en deux mots : Le risque professionnel est constitué par le fait des choses que l'on a sous sa garde. Le chef d'entreprise, en vertu de la responsabilité de droit commun, est responsable du fait des choses qu'il a sous sa garde.

Mais le fait lui-même des choses que l'on a sous sa garde se compose, d'après la définition, des trois éléments suivants :

1º Le cas fortuit ou de force majeure provenant des forces élémentaires employées dans l'entreprise ;

2º L'imprévu dans le fonctionnement des appareils ;

3º La négligence même de l'ouvrier.

Telles sont donc, au yeux de la Commission parlementaire, les trois circonstances qui soumettent le chef d'entreprise, en dehors d'une faute à lui imputable, à la responsabilité de droit commun, ces trois cas constituant vraisemblablement pour elle l'ensemble des prévisions de l'article 1384 sous l'indication de « fait des choses que l'on a sous sa garde. » Nous allons les examiner successivement.

D'abord, il est bien évident que le cas fortuit ou de force majeure ne peut impliquer à la charge du chef d'entreprise une faute quelconque et, par suite, la responsabilité de droit commun ne saurait l'atteindre, puisqu'elle ne peut être invoquée que dans le cas où la preuve d'une faute commise a été faite.

De plus, dans ce cas, l'absence certaine d'une faute résultant de la nature même de la cause prévue de l'accident, comment l'équité la plus vulgaire autoriserait-elle à faire supporter au patron les conséquences d'un accident survenu dans de telles conditions ?

Le rapport répond à cela qu'actuellement l'ouvrier supporte seul, dans ce cas, les suites de l'accident. Nous reconnaissons que cela est très malheureux, mais qu'il n'y a aucun motif avouable d'intervertir les situations et d'imposer cette charge au patron plutôt qu'à l'ouvrier, surtout quand on prétend ne rien ajouter ni rien changer au droit commun. Il y a certainement lieu, sous ce rapport, de modifier la situation actuelle, mais il faudrait le faire franchement, loyalement, équitablement, en cherchant une solution sans idée préconçue, sans arrière-pensée de se créer, aux dépens du droit commun, du sens commun et des patrons, une popularité malsaine, dont l'incessante recherche sera toujours un obstacle invincible à trouver aux questions sociales et économiques une solution vraie, donnant satisfaction à tous les intérêts respectables.

Ce premier élément du risque professionnel, tel que l'entend la Commission, n'appuie donc, ni en droit, ni en équité, le principe de la proposition de loi.

2

Les considérations qui précèdent s'appliquent en tous points au second cas concernant l'imprévu dans le fonctionnement des appareils, car l'imprévu n'est qu'un mode du cas fortuit ou de force majeure.

Nous ajouterons, cependant, en rappelant ce que nous avons dit précédemment au sujet des machines que la jurisprudence considère comme incorporées aux bâtiments, que l'application, aux accidents causés par ces machines, de l'article 1386 ne donne à la victime un droit à une indemnité que si elle prouve le vice de construction et le défaut d'entretien. D'où il s'ensuit que le droit commun, sur lequel la Commission prétend faire reposer son système, comporte l'existence d'une faute, puisque le vice de construction et le défaut d'entretien constituent des fautes dont réparation est due.

De plus, bien que la chute d'un bâtiment ne donne droit à une indemnité que dans le cas où l'un ou l'autre des deux faits précités aura été établi et, bien que cette cause d'accident n'ait pas été comprise par la Commission parmi les éléments du risque professionnel, il n'en paraît pas moins certain que, vu la généralité des termes de la proposition, le chef d'entreprise serait tenu, par le seul fait de l'accident, au paiement des indemnités stipulées dans ladite proposition, sans pouvoir jouir du bénéfice des deux cas d'immunité éventuelle que lui accorde aujourd'hui le droit commun. C'est donc encore commettre une erreur manifeste que de soutenir que le principe du risque professionnel n'est point une innovation apportée au droit civil et que ce risque est implicitement et même explicitement contenu dans la responsabilité de droit commun du chef d'entreprise.

Enfin, il est encore inadmissible, tant en droit qu'au point de vue de la simple équité, que la négligence de l'ouvrier, même sous le rapport plus spécieux que sérieux qu'il est amené par une habitude constante à ne plus tenir compte du danger spécial au travail dans un milieu particulier, puisse lui constituer, en vertu de la loi, un droit dont le patron supporterait toute la charge, bien que, par le fait même de cette négligence, il pût éprouver lui-même un dommage causé par les dégâts, sinon certains, du moins fort probables, produits par l'accident.

La Commission ne s'est, sans doute, pas aperçu que, dans ce cas particulier encore, sa proposition était incompatible avec les prescriptions de l'article 1383, qui rend chacun responsable du dommage qu'il a causé par sa négligence ou par son imprudence, prescriptions qui font partie de ce droit commun qu'elle entend, à l'en croire du moins, respecter en tous points, tout en en précisant simplement les conséquences.

Nous n'ignorons pas que quelques décisions judiciaires ne considèrent pas qu'une négligence ou une imprudence d'une nature légère puisse priver de toute indemnité la victime d'un accident si, de son côté, le patron n'est point tout à fait irréprochable. Mais la proposition ne faisant aucune distinction entre les divers caractères de gravité que peut avoir la négligence, il en résulterait que la négligence, qui pourrait constituer une faute lourde, sans que cependant l'accident pût être considéré comme volontairement provoqué, obligerait le patron à payer une indemnité dans un cas où, d'après le droit commun, il n'y serait point tenu.

Nous nous croyons donc permis de prétendre, malgré les affirmations contraires du rapport, que le risque professionnel, tel qu'il est défini par la Commission, ne découle nullement du principe de la responsabilité de droit commun et que l'origine juridique qui lui est donnée est une fausse origine, un acte de naissance falsifié. Son origine vraie, indéniable, s'aperçoit ou plutôt saute aux yeux quand on étudie attentivement le rapport de la Commission dont la proposition n'est qu'une innovation aussi mal déguisée que pleine de périls, qu'un bouleversement complet des principes généraux du droit. La découverte du risque professionnel est née du désir de la Commission de résoudre, sans étude préalable, sans base sérieuse, sans se soucier le moins du monde des principes du droit et du juste, l'importante et délicate question de la responsabilité, en adoptant arbitrairement une solution, qui sacrifie impitoyablement le patron à l'ouvrier et qui imposerait à l'industrie des charges dont elle n'a même pas daigné évaluer, même approximativement, l'étendue.

Nous devons ajouter, en admettant avec le rapport, que les conditions nécessaires de la production mécanique ont créé « un état de fait des hommes et des choses différent de l'état ordinaire prévu par le code civil, » qu'il est sans nul doute bien audacieux de soutenir que le risque professionnel, résultat de conditions spéciales d'outillage et de milieu, est *implicitement et même explicitement contenu dans la responsabilité de droit commun*, édictée par le code civil, quand on reconnaît soi-même que ce même code n'a point prévu « l'état de fait des hommes et des choses » qui lui aurait donné naissance.

Incontestablement d'ailleurs, si le droit commun avait pu offrir à la thèse soutenue par la Commission un point d'appui solide, elle n'eût point entrepris, tout en s'en défendant il est vrai, de lui faire subir la modification indispensable au but qu'elle poursuit et nous ne rencontrerions pas dans le rapport l'aveu suivant qui met à néant l'origine juridique du risque professionnel : *Si la législation sur la responsabilité en cas d'accidents, telle qu'elle résulte des articles 1382 et suivants du code civil,* DEVAIT ÊTRE MAINTENUE, *sans aucun doute il serait nécessaire de mettre à la charge du chef d'entreprise l'obligation de faire la preuve que l'accident n'est pas dû à un cas fortuit, ni à la force majeure, ni à l'imprudence de l'ouvrier.*

Puisque la législation dans l'espèce ne doit pas être maintenue, la Commission a donc l'intention de la changer, et en la changeant elle fait, sans doute, plus que d'en préciser les conséquences.

En dehors du point de vue du droit, le rapport croit devoir justifier l'imputation du risque professionnel à la charge exclusive du patron, en alléguant que l'ouvrier « ne remplit qu'une fonction secondaire et subordonnée, et en quelque sorte passive dans l'ensemble de la production ».

Cette assertion est, il faut en convenir, aussi peu flatteuse pour les travailleurs que dénuée de toute sincérité et de toute vérité. Elle justifie, il est vrai, bien mieux que l'origine faussement juridique du risque professionnel, le principe de la proposition de loi qui suppose incontestablement chez ceux qui sont appelés à en bénéficier, une absence complète du libre arbitre et, par suite, de responsabilité.

Pour arriver à établir, entre les patrons et les ouvriers, une équitable et saine répartition de la responsabilité en cas d'accidents survenus « dans des entreprises où des forces élémentaires formidables » sont enchaînées au service de l'homme, point n'est besoin d'assimiler ce dernier, capable de penser, de réfléchir et de vouloir, à une machine qui obéit aveuglément, sans pouvoir s'y soustraire, à l'action qu'elle fait naître ou à l'impulsion qu'elle reçoit, et qui n'encourt nulle responsabilité pour les accidents qu'elle peut occasionner.

Mais l'ouvrier qui dirige cette machine, qui s'en sert, peut être coupable soit de la mal diriger, soit de s'en servir contrairement aux règles de l'art qu'il doit connaître, ou en contrevenant aux ordres qu'il a reçus et aux règlements édictés pour sa propre sécurité.

Mais si ces ordres et ces règlements sont, soit par l'incapacité, soit par la négligence de celui de qui ils émanent, impuissants à donner à l'ouvrier la protection humainement possible qu'exige le danger spécial auquel il est exposé, une faute plus ou moins grave pèse sur le chef d'entreprise et sa responsabilité est engagée.

La prétendue passivité de l'ouvrier employé dans l'industrie ne tend donc à rien moins qu'à admettre qu'il est moralement et matériellement incapable de se soustraire aux mesures de précaution que la connaissance de son métier doit lui inspirer, et que son engagement implicite de se conformer aux règlements de l'établissement qui l'occupe lui font un devoir d'observer et cela d'une manière d'autant plus stricte, que toute faute de sa part peut exposer le patron à subir un dommage pour la réparation duquel aucun recours ne lui est ouvert.

D'ailleurs, en formulant qu'aucune indemnité n'est due si l'accident a été causé volontairement, le rapporteur admet, cependant, implicitement que la passivité qu'il attribue à l'ouvrier n'est point aussi absolue qu'il le prétend, puisqu'il le reconnaît en fait susceptible d'un acte de libre volonté.

De plus, pour justifier la prescription en vertu de laquelle, en cas d'incapacité absolue de travail, l'indemnité pourra être portée aux deux tiers du salaire, le rapport s'exprime ainsi :

Il y aurait, en effet, de graves inconvénients d'ordre moral autant et plus que d'ordre économique à ce que le sentiment de la responsabilité personnelle de l'ouvrier dans son travail disparût entièrement.

Mais si la responsabilité ne doit pas entièrement disparaître, c'est sans doute qu'elle existe ; et puisque le rapporteur reconnaît son existence, comment peut-il admettre qu'un être passif puisse être, à un degré quelconque, responsable de ses actes ?

Les contradictions que nous venons de signaler ne peuvent surprendre si l'on songe que le rapport a la prétention d'appuyer sur le droit et l'équité le principe de la proposition de la Commission.

4° Du contrat d'ouvrage.

L'examen de l'état actuel de la législation et de la jurisprudence en matière de responsabilité en cas d'accident donne lieu, de la part du rapporteur, à plusieurs critiques d'après lesquelles « les juges, ne trouvant aucune règle dans la loi, apprécient fort différemment le dommage causé » ; « les transformations, qu'a subies l'industrie depuis le commencement du siècle et qui se continuent sous nos yeux, ont créé un milieu spécial à la production mécanique où les dangers particuliers, auxquels les ouvriers sont exposés, sont en quelque sorte inséparables des procédés de fabrication » ; enfin « les règles qui pouvaient paraître suffisantes lorsque l'artisan ou l'ouvrier était maître de son outillage, se montrent sous le régime de la grande industrie de plus en plus impuissantes à assurer la justice ».

Et, cependant, c'est de cette législation qui ne fournit que des règles « impuissantes à assurer la justice » que la Commission entend tirer le principe de responsabilité sur lequel doit reposer sa proposition. Il est vrai que, comme nous avons essayé de le démontrer, le principe de la responsabilité, tel qu'il ressort de la législation actuelle et tel qu'il est appliqué par la jurisprudence, a dû être, pour les besoins de la cause, torturé jusqu'à en perdre l'existence et que de ce pénible travail est né un nouveau principe par le moyen duquel les difficultés ont été, non résolues suivant les principes du droit et de la justice, mais brutalement tranchées dans un intérêt exclusif.

S'il pouvait être utile de constater l'impuissance de la loi, il eût été, croyons-nous, indispensable de rechercher les causes de cette impuissance, car, ces causes une fois bien établies, la recherche elle-même de la solution cherchée se fût trouvée bien simplifiée. Il eût été alors possible de la considérer comme une conséquence naturelle des rapports sociaux et économiques qui unissent le chef d'une entreprise industrielle et l'ouvrier son collaborateur.

L'insuffisance de la législation actuelle dans l'espèce — insuffisance nous paraît mieux appropriée et plus conforme à la vérité qu'impuissance, — tient uniquement à ce fait qu'elle était appelée à régler une situation tout autre que celle à laquelle elle est appliquée aujourd'hui. Promulguée le 29 pluviôse an XII, 29 février 1804, ses auteurs ne pouvaient prévoir le prodigieux développement de l'industrie et ses conséquences sociales et économiques; l'éclosion d'une multitude d'industries qui n'étaient même pas soupçonnées, éclosion née des progrès de la science, des besoins et des nécessités de la vie sans cesse croissantes par le développement intellectuel des générations; l'application des machines à la production et la création, qui en a été la conséquence, de ces vastes agglomérations d'hommes dont le travail s'est trouvé nécessairement modifié sinon changé, dans ce milieu qui n'a même pu être entrevu en 1804; les dangers particuliers que présentent les conditions dans lesquelles s'effectue le travail industriel qui a fait naître entre le patron et l'ouvrier des obligations spéciales; enfin, la situation intellectuelle et morale de l'ouvrier qui, par la diffusion de l'instruction, sa participation aux préoccupations d'ordre politique, social et économique, son impérieux désir de toutes les satisfactions, se croit appelé à occuper dans la société moderne une place prépondérante.

Ainsi s'explique comment on ne rencontre dans le code civil sous la rubrique « du louage d'ouvrage et d'industrie » que deux articles appelés à régler le louage des ouvriers en même temps que le louage des domestiques, dont l'un, concernant la preuve du paiement des salaires ou des gages, a été abrogé par la loi du 2 août 1868; et encore le seul article subsistant, ne fait-il que prescrire que « on ne peut engager ses services qu'à temps, ou pour une entreprise déterminée ».

Il n'est donc pas douteux que les rapports juridiques que l'industrie moderne a fait naître entre le patron et l'ouvrier n'ont point été prévus d'une manière spéciale par le code civil et que l'absence de toute réglementation, à cet égard, constitue une véritable lacune, surtout en ce qui concerne la grave question de la responsabilité en cas d'accident.

Dans ces conditions, il était aussi inévitable que naturel que l'autorité judiciaire, obligée uniquement d'appliquer la loi et non de la faire, fût obligée de s'en tenir, même dans l'appréciation des conséquences de droit résultant des accidents survenus pendant la mise en exécution des obligations contractées à l'égard l'un de l'autre par le patron et par l'ouvrier, aux seules dispositions que contienne la législation, bien que ces dispositions, formulées dans les articles 1382 et suivants du code civil, se rapportassent à une situation tout autre, comme l'indique, d'ailleurs, la rubrique du titre IV du code civil qui s'applique à « Des engagements qui se forment sans convention », parmi lesquels lesdites dispositions sont comprises dans le chapitre II visant les délits et les quasi-délits.

Mais quand le législateur s'est trouvé saisi, soit par l'initiative parlementaire, soit par l'initiative du Gouvernement, des différents projet de loi et propositions tendant à réglementer la responsabilité en cas d'accident, la seule méthode qui eût pu conduire à la solution vraie de la question eût été, selon nous, celle qui aurait consisté dans un examen consciencieux et approfondi des rapports réciproques du patron et de l'ouvrier.

En procédant ainsi, aucun des nombreux détails d'une question aussi complexe n'eût pu échapper. Les solutions partielles des différents points qui constituent la question générale auraient eu nécessairement un lien de droit et de vérité qui se serait, sans doute, imposé, tandis qu'en décomposant le problème, le principe général, dont les conséquences, mitigées, s'il est nécessaire, pour des motifs hautement justifiés, doivent fournir la solution cherchée, ne peut que trop facilement faire place à l'arbitraire le moins justifiable.

Dans le cas particulier qui nous occupe, nous nous plaisons à croire qu'une commission parlementaire, ayant à examiner la situation respective du patron et de l'ouvrier, laquelle est, en droit, la mise à exécution d'un contrat tacite, c'est-à-dire l'accomplissement d'obligations réciproques, n'eût jamais admis des conclusions qui établissent, à l'égard du patron, non pas seulement une présomption de faute, mais une faute réelle, dans le cas où un accident serait arrivé à un ouvrier qu'il occupe, quand cet accident n'est dû qu'à un cas fortuit ou de force majeure, ou lorsque l'ouvrier peut avoir commis lui-même une faute lourde.

De même, en prenant pour point de départ l'existence incontestable d'un contrat, la théorie du risque professionnel à la charge exclusive du patron, théorie purement arbitraire, eût été encore plus audacieuse, — et ce n'est pas peu dire — qu'elle ne l'est actuellement.

Enfin, le fait de diriger un établissement industriel n'eût vraisemblablement pas été implicitement présenté, au point de vue de ses conséquences juridiques, comme constituant un délit ou un quasi-délit, ce que le rapport admet en faisant reposer sa proposition sur les articles 1382 et suivants du code civil, qui seraient alors sans application, la responsabilité professionnelle du patron devant résulter du contrat défini et réglé par la loi, et non, comme le propose actuellement la Commission, d'un délit ou d'un quasi-délit, en admettant, toutefois, ce que nous contestons, qu'elle ait interprété juridiquement les articles sus-visés, car il est certain qu'un accident survenu par un cas fortuit ou de force majeure ne peut être attribué à un délit ou à un quasi-délit.

Il est, d'ailleurs, inadmissible que le législateur, pour s'épargner la peine de réglementer, à la suite d'un examen approfondi et consciencieux, une situation délicate, compliquée et dans laquelle se trouvent en jeu les intérêts de l'industrie nationale, puisse, en alléguant simplement qu'il ne fait que préciser les conséquences de la législation existante — allégation dont nous avons démontré la flagrante inexactitude — ne pas tenir compte de la nature même des choses, c'est-à-dire des obligations réciproques du patron et de l'ouvrier, des notions élémentaires du juste et du vrai et appliquer ainsi à des liens de droit antérieurs des règles que le législateur précédent lui-même n'a établies que dans l'hypothèse où aucun rapport juridique ne préexisterait à leur application. Après avoir exposé les considérations que comporte le principe de la proposition de loi, nous allons examiner maintenant la mise en application de ce principe, en conservant autant que possible les divisions adoptées par le rapporteur.

CHAPITRE IV

1º Entreprises présentant le risque professionnel.

Aux termes de l'article premier, une indemnité est due par le chef d'entreprise, sauf dans le cas où elle aurait volontairement provoqué l'accident, à la victime, ouvrier ou employé, de tout accident survenu, pendant le travail, « dans les usines, manufactures, chantiers, mines, minières, carrières, entreprises de transport et en outre dans toute exploitation où il est fait usage d'un outillage à moteur mécanique ».

Ainsi donc, à deux points de vue différents, un chef d'entreprise peut être soumis à l'application de la loi, soit que l'on considère :

1º La dénomination de l'exploitation qu'il dirige ;

2º L'emploi d'un outillage à moteur mécanique.

Sans entrer dans une discussion de lexicologie qui serait aussi ennuyeuse que stérile, nous devons faire remarquer que désigner par les dénominations très vagues de « usines, manufactures, chantiers » les entreprises dont les chefs encourront la responsabilité édictée par la proposition de loi et en y ajoutant, d'une manière générale, celles qui font usage d'un moteur mécanique, c'est permettre d'étendre l'application de la loi aux plus modestes industries qui, tant au point de vue de l'outillage que du milieu spécial, ne peuvent, à aucun égard, être considérées comme faisant partie de ce qu'on appelle la grande industrie, que la Commission, d'après plusieurs passages du rapport, paraît avoir eu particulièrement, et l'on peut dire exclusivement, en vue dans l'élaboration de sa proposition.

En effet, sous la dénomination de manufactures, la jurisprudence comprendra certainement les entreprises appelées « fabriques » dont les unes présentent un danger réel, mais dont les autres, par l'emploi d'un personnel restreint ou par l'innocuité de leur outillage, paraissent ne pas devoir entrer dans les prévisions de la loi (1).

---

(1) M. E.-O. Lami, dans son *Dictionnaire encyclopédique et biographique de l'industrie et des arts industriels*, fait, au mot fabrique, la remarque suivante, qui justifie notre appréciation : « La manufacture est un grand mot qui veut dire grande fabrique et qui n'a d'autre but que de produire un grand effet. Il a si bien servi la vanité des fabricants de tout ordre que fabrique paraît aujourd'hui mesquin ; aussi voit-on le mot manufacture s'étaler en lettres d'or au-dessus d'un atelier en chambre de quatre mètres carrés. »

De même, un chantier de trois ouvriers couvreurs ou de dix maçons faisant usage d'une locomobile pour mettre en mouvement un monte-charges, peut-il être considéré comme remplissant « les conditions spéciales de la grande industrie » et est-ce à ce milieu ou à un bateau remorqué par des chevaux ou par un remorqueur à vapeur, sur une rivière, un fleuve ou un canal, que peut s'appliquer ce passage du rapport qui résume en deux mots le principe de la proposition et la base de son application : « Ainsi le risque professionnel découle, suivant nous, du principe de la responsabilité de droit commun comme une conséquence logique et naturelle *des conditions de la grande industrie ?* »

Évidemment non, et cependant, vu la généralité des termes de l'article premier, l'application de la loi à ces différents cas ne paraît pas contestable.

Nous ne comprenons pas l'assimilation de l'employé à l'ouvrier que comporte la loi proposée, car si l'un, par sa présence continue dans l'atelier et par son contact permanent avec l'outillage, est exposé à un danger réel, l'autre passe généralement son existence dans des bureaux qui, éloignés même du siège de l'exploitation, constituent un milieu qui n'a aucun rapport avec le milieu spécial auquel la grande industrie a donné naissance. Mais si par « employé » la Commission a en vue la partie du personnel : ingénieurs, contremaîtres, chefs d'ateliers, chargés d'organiser et de diriger le travail, la responsabilité qui, de leur chef, incomberait au patron en vertu du risque professionnel, serait encore beaucoup plus inadmissible que dans le cas d'accidents arrivés à de simples ouvriers, car il serait certainement plus qu'excessif d'invoquer en leur faveur et l'habitude du danger et un rôle passif quand une partie de leur mission consiste à prescrire les mesures de sécurité et à veiller à leur application.

Tout en reconnaissant les difficultés que devait rencontrer la Commission, si elle avait entrepris de déterminer, d'une manière assez précise pour permettre une interprétation qui répondît à l'intention qu'elle se proposait de réaliser, les industries présentant un danger spécial, soit par l'existence d'un milieu particulier, soit par l'emploi d'un moteur mécanique, nous devons constater que, dans la rédaction de l'article premier, incontestablement le plus important de la proposition, puisque de l'interprétation de ses prescriptions dépend l'application de la loi à telle ou telle entreprise, elle paraît s'être fort peu préoccupée de l'épée de Damoclès qu'elle suspendait par son défaut de précision sur la tête de très nombreux industriels.

De plus, quelques industries, comme les mines et les entreprises de navigation sont déjà soumises à certaines obligations, moins étendues il est vrai, mais semblables, quant à leur esprit, à celles que prescrit la proposition, qui a omis d'indiquer si les textes qui les concernent seraient abrogés ou tout au moins modifiés dans le sens des nouvelles prescriptions.

Telles sont les dispositions prescrites, en faveur des ouvriers mineurs par le décret du 3 janvier 1813, articles 15 et 16 sur la police des mines, et en faveur des matelots par les articles 262, 263, 265 du code de commerce, modifiés par la loi du 12 août 1885 sur la marine marchande.

L'application de l'article 8 de la proposition aux mines ne paraît pas douteuse, cette industrie étant expressément visée dans l'article premier.

Quant à l'application de la proposition aux matelots, qui font partie du personnel « des entreprises de transport » comprises dans l'énumération dudit article premier de la proposition, il semblerait, d'après l'interprétation la plus rationnelle de plusieurs déclarations du rapporteur, qu'elle ne puisse être faite, malgré les termes généraux de la désignation qui ont été employés, à toutes les entreprises de navigation. D'où, nécessairement pour les armateurs, une incertitude sur le régime légal auquel ils seraient soumis, incertitude qui pourra être préjudiciable à l'une ou à l'autre des parties, car l'interprétation à leur égard de l'article premier par les tribunaux n'aura généralement lieu que longtemps après que les secours auront été donnés aux blessés et l'erreur commise étant un fait accompli, ne sera souvent susceptible d'aucune réparation.

Un armateur pourrait donc se trouver dans l'impossibilité absolue de se rendre compte si, en cas d'accident, il est soumis aux prescriptions du code de commerce ou à celles de la loi spéciale.

Il va de soi que la procédure prescrite par la proposition pour la constatation des accidents et le règlement des indemnités est, en tous points, inapplicable aux entreprises de navigation par la nature même de l'industrie.

En exposant à une amende de 50 francs au moins et de 500 francs au plus, le chef d'une des entreprises prévues dans l'article premier qui, dans les vingt-quatre heures, n'aurait pas déclaré un accident, la Commission avait le stricte devoir de ne pas exposer aux rigueurs pénales qu'elle édicte, un chef d'entreprise dont l'unique faute pourrait être de n'avoir pas su deviner ce que la Commission elle-même n'a pu ou n'a pas su formuler.

De même, soit par la crainte de l'amende, soit mû par un sentiment de vanité qui lui ferait estimer qu'on ne peut payer trop cher l'honneur de faire partie de la grande industrie, un industriel, qui occupe trois ouvriers et emploie une machine de la force d'un demi-cheval-vapeur, pourrait déclarer un accident en faisant application, à un cas en dehors des prévisions de la loi, des prescritions de l'article premier.

Mais, c'est principalement en cas de contestation sur l'application dudit article premier qu'un tribunal appelé à statuer se trouverait dans un grand embarras, si, voulant s'inspirer des intentions de la Commission et se rendre compte de ce qu'elle entend, au point de vue de la loi, par la grande industrie, il cherchait le fondement de sa décision dans le passage suivant du rapport que nous reproduisons textuellement, passage qui nous paraît avoir pour objet spécial de servir à l'interprétation de l'article premier.

Le rapport s'exprime, en effet, ainsi :

« *Mais il suit aussi de là que, pour que le risque professionnel prenne naissance, pour que le chef d'entreprise encourre cette responsabilité, en raison des choses qu'il a sous sa garde, il faut que l'ensemble de ces choses existe d'une manière permanente et constante et que le milieu ordinaire de l'existence en soit en quelque sorte modifié. C'est dans la grande industrie et dans les entreprises analogues ou dans celles à qui l'emploi des forces élémentaires comme moteur communique un caractère particulier de danger, c'est dans ces industries seules que le risque professionnel peut être légitimement reconnu.* »

Si nous avons bien compris la pensée du rapporteur, nous croyons pouvoir dire que, d'après lui, le risque professionnel ne prend naissance qu'à deux conditions :

1º L'ensemble des choses qu'on a sous sa garde doit exister d'une manière permanente et constante ;

2º L'existence doit être, par le fait de ces choses, en quelque sorte modifiée ; et qu'en outre, ces conditions se réalisent :

1º Dans la grande industrie et dans les entreprises analogues ;

2º Dans celles qui, par l'emploi des forces élémentaires comme moteur, présentent un caractère particulier de danger.

Nous n'entreprendrons de discuter pas plus le bien fondé de l'application de ces conditions, bases du risque professionnel, que ces conditions en elles-mêmes ; nous ferons toutefois remarquer que les progrès de la science apportent un continuel changement à l'ensemble des choses qu'un industriel a sous sa garde, que l'existence d'un ouvrier qui consacre sa vie au travail industriel ne subit guère de modification et, encore, qu'un caractère particulier de danger ne saurait résulter uniquement et nécessairement du caractère permanent et constant de l'ensemble de ces choses, ainsi que des modifications apportées à l'existence.

Nous ajouterons enfin que, contrairement aux prescriptions de l'article 1er qui ne comporte aucune restriction, et d'après la propre déclaration du rapporteur, le risque professionnel ne « peut être légitimement reconnu » que dans les entreprises qui offrent un caractère particulier de danger.

Ainsi donc, en cas de contestation, l'autorité judiciaire aura à apprécier le caractère particulier de danger que présente l'entreprise ou à décider si telle ou telle industrie doit être comprise dans la grande industrie ou les entreprises analogues, appréciation d'autant plus difficile qu'elle cherchera vraisemblablement dans la pensée du rapporteur exprimée comme il vient d'être dit, la véritable portée de l'article 1er.

Comme nous croyons qu'il peut être intéressant de se rendre compte comment, en Allemagne et en Autriche, on a déterminé les industries qui sont ou seraient soumises à l'assurance obligatoire contre les accidents, nous donnons, à la suite de ce travail, les articles de la loi allemande du 6 juillet 1884 et de la loi autrichienne en préparation qui concernent l'étendue de l'assurance.

La Commission a cru devoir décharger le chef de l'entreprise de la responsabilité provenant du risque professionnel dans le cas où l'accident aurait été volontairement provoqué par la victime. Cette prévision est complètement inutile, car il est de principe que l'on ne peut s'enrichir aux dépens d'autrui et, dans ce cas, la loi eût été nécessairement sans application.

2° Des indemnités.

Dans la détermination des indemnités qu'elle propose d'allouer à la victime d'un accident ou à ses ayants droit, la Commission a considéré les effets de l'accident et elles les a compris dans les quatre catégories suivantes :

1° Incapacité absolue de travail ;

2° Incapacité partielle de travail ;

3° Incapacité temporaire ;

4° Cas de mort.

Les indemnités varient naturellement avec les conséquences immédiates ou ultérieurement accusées de l'accident, et l'examen de ces variations va être de notre part l'objet de quelques observations qui nous permettront de constater avec quelle légèreté le rapporteur considère les charges, qu'il ne prend pas même la peine d'essayer d'évaluer, qui vont incomber de ce chef à l'industrie dont certaines entreprises, qui ne vivent que difficilement auront bien de la peine à supporter ce nouveau fardeau.

Une observation préliminaire, concernant les qualifications des deux premiers cas d'incapacité, nous paraît d'abord nécessaire avant d'aborder en détail l'examen des dispositions des articles 2 et 3.

En employant les termes incapacité absolue ou partielle de travail pour désigner les incapacités qui donneront droit aux indemnités prévues par ces articles, la Commission n'a entendu faire aucune distinction entre l'incapacité du travail de la profession et celle qui met obstacle à un travail quelconque dans n'importe quel métier ou profession.

Par cette distinction, généralement admise par tous les écrivains qui se sont occupés des conséquences des accidents industriels, il eût pu être tenu compte du dommage particulier subi par l'ouvrier blessé contraint d'abandonner son métier qui lui procurait, par le fait de ses aptitudes spéciales, une aisance qu'aucun autre travail ne pourrait lui donner, même avec l'indemnité dont il aurait la jouissance ; il en pourrait encore être ainsi dans le cas où, sans changer de métier, les suites de l'accident l'obligeraient à accepter un travail moins rémunéré.

De même il peut être possible de craindre aussi que, par suite de l'absence d'une telle distinction, le juge ne soit enclin naturellement à évaluer l'incapacité absolue ou partielle, envisagée d'une manière générale comme le comporte la proposition, plutôt au point de vue de la profession qu'à celui de tout autre travail, ce qui aurait pour effet de donner naissance à des contestations d'autant plus irritantes que les intérêts des deux parties, patron et ouvrier, seraient plus fortement engagés et que l'esprit de la loi pourrait être considéré comme méconnu, l'ouvrier pouvant encore avoir encore la ressource de se procurer, dans une autre occupation, non prévue par le juge, un salaire suffisamment rémunérateur.

Incapacité absolue de travail. — La victime d'un accident ayant occasionné une incapacité absolue de travail aurait droit à une pension viagère qui ne pourrait être inférieure à 400 francs pour les hommes et 250 francs pour les femmes, tiers présumé du salaire moyen annuel, ni supérieur aux deux tiers de ce même salaire.

La fixation du minimum de 400 francs et de 250 francs implique naturellement un salaire minimum de 1,200 francs et de 750 francs.

Or, il nous paraît fort dangereux d'introduire subrepticement dans une loi le principe du salaire minimum. L'ouvrier comprendrait difficilement que son patron puisse lui refuser un salaire annuel de 1,200 francs, quand la loi, lui allouant une indemnité viagère égale au tiers de son salaire, fixe elle-même à 400 francs le tiers de ce salaire. Ce serait donc encourager les revendications des ouvriers et provoquer ainsi les désordres qui n'accompagnent que trop souvent ces revendications. Telle n'est certainement pas la mission du pouvoir législatif qui serait moins coupable de donner à la question des salaires qui mériterait bien une discussion spéciale et approfondie, la solution la plus critiquable, que de poser un principe sans application légale, principe dont la stérilité serait une cause d'irritation qui ne ferait qu'aggraver les conséquences de la loi proposée.

D'après le rapport, la pension minima correspond à la responsabilité qu'encourt le chef d'entreprise du fait des choses qu'il a sous sa garde; mais, comme un accident peut encore être dû au fait des personnes, elle peut être élevée jusqu'aux deux tiers du salaire, *si les circonstances indiquent au juge que la victime n'a contribué en rien à l'accident ou que la cause peut en être attribuée directement au fait du chef d'entreprise ou des personnes à son service.*

Mais quelle devrait être la décision du juge si l'accident ne pouvait être attribué qu'à un cas fortuit ou de force majeure, qui ne comporterait aucune faute, soit de la part de la victime, soit de la part du chef d'entreprise, hypothèse dans laquelle, d'après la déclaration du rapport, la victime aurait droit au maximum de l'indemnité en même temps que le patron aurait le droit de ne pas le payer.

Le rapporteur s'est abstenu de se prononcer sur ce cas difficile qui se présentera certainement très fréquemment et pour lequel le juge, s'inspirant de la sagesse de Salomon, ne pourrait partager entre les parties le tiers en litige sans méconnaître les intentions du législateur si nettement formulées dans la citation qui précède.

La solution de la difficulté s'imposera nécessairement au juge si, au lieu d'appliquer la règle précitée aussi simple en apparence qu'insuffisante en réalité, il fonde sa décision sur les principes généraux du droit commun, en faisant application des articles 1382 et suivants du code civil.

Quoique le mode d'appréciation n'ait pas été expressément indiqué dans le rapport et bien que le texte proposé ne fournisse aucune indication à cet égard, il paraît cependant devoir résulter implicitement de l'ensemble des considérations formulées dans le rapport à l'appui des dispositions de l'article 2 et, notamment, de cette déclaration du rapporteur que la Commission « *a pensé qu'elle ferait disparaître ainsi la plus grande partie des difficultés relatives à la preuve* » en laissant « *au juge, guidé simplement par les indications plus précises de la loi, le soin de déterminer le montant des indemnités suivant les circonstances de l'accident* ».

Le fait d'admettre que la preuve, rendue il est vrai plus facile, devra cependant être faite sans spécifier à qui elle incombe, paraît ne laisser aucun doute sur l'intention de la Commission de laisser juger, d'après le droit commun et la jurisprudence actuelle, le droit à l'attribution d'une indemnité qui peut varier du simple au double.

Quelle qu'ait été l'intention de la Commission, il eût été indispensable que l'article 2 formulât, d'une manière précise si, dans le cas dont il s'agit, l'une ou l'autre des parties devait fournir la preuve d'une faute de la part de l'adversaire et à laquelle des parties la preuve devait incomber ou, enfin, si la preuve d'une faute était inutile, la décision du juge ne devant pas être soumise aux principes du droit.

Enfin la Commission n'a point prévu le cas possible où l'incapacité absolue se transformerait en incapacité partielle qui elle-même pourrait n'être qu'une incapacité temporaire. Dans l'un ou l'autre de ces cas que la loi allemande du 6 juillet 1884 n'a point perdus de vue, « *la raison déterminante de l'indemnité étant* «, dit le rapport, « *la privation complète ou la diminution des sources où se puisaient les moyens d'existence* », il eût été équitable et moral de diminuer ou de supprimer une indemnité qui n'aurait plus eu de raison d'être et qui ne serait plus en réalité qu'un gain illicite.

Incapacité partielle de travail. — Dans ce cas, aux termes de l'article 3, « la pension attribuée à la victime par l'article précédent sera diminuée dans la proportion de la capacité de travail restante ».

L'incapacité partielle de travail donnera donc droit à la même indemnité évaluée dans les mêmes conditions que l'incapacité absolue, mais, toutefois, diminuée dans une proportion à déterminer suivant la faculté de travail qui sera encore permise à la victime de l'accident.

Il nous semble que l'appréciation de cette faculté, c'est-à-dire de la quantité de travail dont la victime sera privée, est extrêmement délicate et peut donner lieu à l'évaluation la plus arbitraire. Nous comprenons qu'il soit possible de se rendre compte de l'impossibilité où se trouve la victime de continuer le travail auquel elle se livrait avant l'accident, travail plus ou moins pénible ou fatigant, nécessitant un certain déploiement de force ou certaines aptitudes physiques, et d'apprécier, par suite, le dommage résultant pour elle de la nécessité de se livrer, dans la même industrie ou dans une autre profession, à un travail plus facile et en rapport avec les forces qui lui restent et devant être, par suite, moins rémunéré.

Mais, apprécier les difficultés que rencontrera l'ouvrier blessé à exercer, vu son état, tout autre métier ou une autre profession lui permettant de gagner raisonnablement sa vie et surtout en tenant compte du nombre des métiers ou des professions qui pourraient l'utiliser, nous paraît présenter bien des difficultés pour que les intérêts légitimes, tant du patron que de l'ouvrier, soient équitablement sauvegardés.

Ces difficultés, qui donneront certainement lieu à bien des contestations, eussent été presque complètement aplanies, si la proposition de loi avait chargé un règlement d'administration publique, rédigé d'après l'avis d'une Commission composée de membres du Comité consultatif des arts et manufactures et de membres du Comité central d'hygiène publique de France, de déterminer les mutilations et les lésions qu'il peut être permis de considérer, d'une manière générale, comme enlevant à l'homme qui en est atteint une partie ou la totalité des moyens physiques de travail que nécessitent ordinairement les occupations auxquelles un ouvrier peut être employé. L'intervention d'un règlement d'administration publique serait mieux justifiée dans ce cas qui intéresse les deux parties, que dans celui où elle est prescrite par l'article 11 pour déterminer la forme du procès-verbal de déclaration de l'accident.

Les éléments de l'attribution à laquelle la victime d'un accident a droit dans le cas d'incapacité partielle de travail étant les mêmes que dans le cas d'incapacité absolue, sauf une réduction à opérer d'après des considérations d'un ordre tout différent, toutes les observations que nous avons faites au sujet de l'indemnité allouée en cas d'incapacité absolue s'appliquant, en tous points, au cas où l'incapacité ne serait que partielle : nous croyons donc inutile de les reproduire.

Incapacité temporaire. — La Commission n'envisage, en quelque sorte, dans un texte fort mal rédigé d'ailleurs, l'incapacité temporaire que comme une maladie résultant de l'accident et accorde à la victime une indemnité journalière égale à la moitié de son salaire quotidien, moitié limitée, toutefois, à 2 fr. 50 et cela, pendant trois mois au maximum à partir du jour de l'accident.

Ce délai maximum après lequel l'indemnité devra être réglée peut, cependant, être prolongé, — ce qui lui enlève évidemment tout caractère de limite obligatoire, — si les suites de l'accident ne sont pas suffisamment accusées.

D'où il s'ensuit que l'indemnité quotidienne devra être payée jusqu'à complète guérison, ou jusqu'au moment où la nature de l'incapacité, absolue ou partielle, étant déterminée, les indemnités correspondantes seront définitivement fixées.

Cas de mort. — Le décès de la victime d'un accident met à la charge du chef d'entreprise :

1° Les frais funéraires fixés à vingt fois le salaire quotidien de la victime ;

2° Une rente viagère pour la veuve, égale à 20 0/0 du salaire moyen annuel que gagnait son mari, mais seulement si le mariage a eu lieu antérieurement à l'accident ; si elle contracte un nouveau mariage, la pension est remplacée par le paiement d'une somme égale à trois fois le montant de la rente annuelle ;

3° Les enfants, orphelins de père, ont droit, jusqu'à l'âge de quatorze ans accomplis, à une pension viagère dont le montant varie avec le nombre d'enfants, mais qui ne peut dépasser 40 0/0 du salaire moyen annuel de leur père, même dans le cas où, orphelins de père et de mère, chacun d'eux devrait recevoir 20 0/0 de ce même salaire. Toutes ces pensions, y compris celle de la veuve, subiraient une réduction proportionnelle si leur montant dépassait 50 0/0 du salaire moyen annuel de la victime.

De plus, les enfants naturels reconnus avant l'accident ont les mêmes droits que les enfants légitimes.

Enfin, lors du décès d'une femme mariée, victime d'un accident, le mari, dans le cas d'existence d'enfants issus du mariage, recevra une somme égale à deux années du salaire de la femme, sans que cette somme puisse dépasser 2,000 francs.

Nous ferons, d'abord, observer que, vu les limites prévues sous le n° 3, le montant individuel des rentes attribuées est un véritable trompe-l'œil qui promet plus que vraisemblablement il ne pourra tenir. En effet, dès que le nombre des orphelins de père existant avec leur mère dépassera deux, chiffre au-dessous de la moyenne, la réduction sera respectivement de 5 0/0 et de 10 0/0, s'il y a trois, quatre enfants ou un nombre supérieur.

Si nous considérons les enfants orphelins de père et de mère, l'attribution de 20 0/0 à chacun d'eux, avec le maximum fixé à 40 0/0, ne pourra avoir lieu que dans le cas où il n'y aurait que deux enfants ; s'il y en a trois, quatre ou un plus grand nombre, la réduction s'élèvera respectivement à 20 0/0 et à 40 0/0.

Ainsi, malgré les apparences, les familles qui n'auront qu'un ou deux enfants — et celles qui ont plus de deux enfants sont nombreuses surtout dans la classe ouvrière — sont, en réalité, seules appelées à jouir de toute l'étendue des largesses que la Commission a pris le soin d'énumérer avec tant de précision.

Si l'on remarque, en outre, en n'envisageant les choses, bien entendu, qu'au point de vue absolument matériel, que le dommage causé à la famille par la disparition de son soutien, victime d'un accident, peut être moins considérable que dans le cas où la victime subirait une incapacité absolue de tout travail, surtout si sa santé gravement compromise ou des infirmités précoces nécessitaient des soins particuliers toujours coûteux, il y a lieu de considérer que les indemnités prévues dans les deux cas et dans des circonstances qui se présenteront fréquemment, 33 0/0 du salaire dans l'un et 50 0/0 dans l'autre, ne sont peut-être pas dans un rapport suffisamment rigoureux pour répondre aux nécessités vraisemblables des deux situations.

La Commission a cru devoir reconnaître un droit à la pension aux enfants naturels reconnus, *alors même qu'ils viendraient en concours avec des enfants légitimes.*

Les termes précis qui viennent d'être textuellement reproduits comportent bien une dérogation formelle au principe formulé dans l'article 338 du Code civil, d'après lequel : « l'enfant naturel reconnu ne pourra réclamer les droits d'enfant légitime. Les droits des enfants naturels seront réglés au titre *des successions.* »

Cette dérogation à un principe de haute moralité n'est justifiée par le rapporteur que par cette simple et unique considération que : « il a paru juste de ne pas laisser ces orphelins sans secours et sans ressources à la suite d'un accident qui les prive de leur seul soutien. » Ce motif, d'ordre purement sentimental, n'est peut-être pas suffisant pour légitimer une infraction à un principe et pour permettre l'assimilation complète de l'enfant naturel à l'enfant légitime et donner à l'un comme à l'autre un droit égal qui ne pourra s'exercer, en réalité, qu'aux dépens des enfants légitimes, quand il y aura lieu d'appliquer les réductions prévues, ce qui arrivera fréquemment.

La loi allemande sur l'assurance obligatoire contre les accidents n'est pas allée jusque-là. En Autriche, le projet de loi sur la même matière n'accorde qu'une pension de 10 0/0 du salaire annuel « pour chaque enfant illégitime », tandis que l'enfant légitime aura droit à une pension de 15 0/0 du salaire, laquelle s'élèvera à 20 0/0 « pour le cas où l'enfant a perdu ou perdra le second de ses parents. » Les sentiments d'humanité reçoivent, dans ces conditions, toute satisfaction et le principe de droit est sauvegardé.

Quant au droit pour le mari qui perd sa femme à la suite d'un accident de recevoir une indemnité, il devrait être subordonné, d'une manière formelle, au seul cas où la vie commune n'aurait subi aucune interruption, si ce n'est depuis le mariage, tout au moins depuis un laps de temps assez long, pour qu'il fût incontestable que la disparition de la femme ait occasionné, d'une manière générale, dans les ressources du ménage, une diminution qui seule pourrait justifier ce droit.

Bien que la victime mariée ait été l'objet principal des préoccupations de la Commission, la proposition n'a cependant pas oublié la victime célibataire, ou veuf ou veuve sans enfants. Aux père et mère, aïeul et aïeule sexagénaires, mais aux deux derniers seulement à défaut des premiers, elle accorde individuellement une pension égale à 10 °/₀ du salaire moyen annuel de la victime ; la même pension, cependant, est allouée à la mère veuve, quel que soit son âge, si la victime « était son soutien indispensable ».

La justification de cette attribution nous est fournie par le rapport qui s'exprime ainsi : *Si l'ouvrier décédé était célibataire, sans père ni mère sexagénaire, il n'existe personne qui puisse faire valoir des droits à indemnité, même en cas de faute certaine du chef d'entreprise.*

Tout d'abord, il n'est nullement nécessaire, aux termes de l'article 205 du code civil (1), que le père ou la mère ait atteint soixante ans pour pouvoir réclamer une indemnité, qui, dans l'esprit de la proposition, n'est qu'une pension alimentaire, mais il faut qu'ils soient dans le besoin ; de plus, tous les autres ascendants ont le même droit sous la même condition.

Nous devons ajouter que cette attribution sans restriction est inconciliable avec *la raison déterminante de l'indemnité,* fondée, d'après le rappor-

---

(1) L'article 205 du code civil est ainsi conçu :

« Les enfants doivent des aliments à leurs père et mère et autres ascendants qui sont dans le besoin. »

teur, sur *la privation complète ou la diminution des sources où se puisaient les moyens d'existence*.

La condition de privation ou de diminution des ressources expressément formulée eût donc été la restriction nécessaire, qui, au point de vue même du but que doit remplir l'indemnité, eût dû être imposée au droit de recevoir, dans ce cas, une pension viagère, comme cela a été prévu pour la mère veuve, quel que soit son âge, dont la victime était *un soutien indispensable*. Il serait, en effet, bien excessif d'exagérer la fécondité du risque professionnel jusqu'à en tirer le droit à une indemnité en faveur d'ascendants, sexagénaires il est vrai, qui pourraient n'en avoir aucun besoin et être même appelés à se partager l'héritage de la victime décédée. Les lois sur l'assurance obligatoire contre les accidents votées ou en projet, en Allemagne et en Autriche, exigent, non seulement que le défunt ait été *l'unique soutien* de ses ascendants, mais elles décident encore que la pension prendra fin dès que cessera leur état de besoin.

Nous ne pouvons passer sous silence l'évaluation que fait le rapport du montant des indemnités auxquelles donneront lieu les accidents mortels.

Les calculs du rapporteur sont aussi extraordinaires que ses principes de droit. Se basant sur les données fournies en Allemagne par l'application de la loi du 6 juillet 1884, il déclare que la charge provenant des indemnités en cas de mort ne dépassera pas sensiblement les deux tiers de celle qui sera occasionnée par les indemnités pour incapacité de travail en considérant l'indemnité *minima*. Mais le rapport n'ayant donné de cette dernière, aucune évaluation qui puisse être sérieusement admise, il s'ensuit que, malgré toute la bonne volonté de son auteur, ce renseignement ne saurait être de la moindre utilité, car les deux tiers d'un nombre inconnu ne sont pas plus connus que le nombre lui-même. C'est, cependant, d'après le résultat de son calcul que le rapporteur conclut qu'en ce qui concerne les indemnités, *il semble donc juste de les mettre toutes et dans tous les cas à la charge du chef d'entreprise*.

Quant à nous, nous concluons :

Calcul et conclusion ne prouvent pas plus l'un que l'autre.

2° Frais de la maladie occasionnée par l'accident.

L'article 8 de la proposition, considérant que la maladie occasionnée par un accident, a pour effet de produire tout au moins une interruption de travail plus ou moins prolongée, met de même à la charge du chef d'entreprise, et dans les conditions que nous avons indiquées au sujet de l'incapacité temporaire, tous les frais de la maladie, ainsi que l'indemnité quotidienne qui est allouée au blessé.

Le rapporteur, fidèle à sa méthode de calcul qui consiste à évaluer avec soin des fractions de nombres inconnus, estime d'après l'expérience acquise en Allemagne, que la charge de ces frais de maladie, par rapport à celle provenant des indemnités en cas de mort et d'incapacité de travail, « n'atteindrait pas 14 0/0 et serait, par conséquent, d'une valeur relativement faible », sans indiquer, bien entendu, le montant de cette dernière.

Mais la valeur relative de ces frais eu égard au montant des autres charges importe peu ; c'est leur valeur absolue qu'il eût été aussi intéressant qu'indispensable de connaître en même temps que celle des autres dépenses, pour pouvoir apprécier réellement l'importance financière des conséquences de la proposition, car ce que paiera l'industrie ce sera un ensemble de valeurs absolues dont quelques-unes pourront être relativement faibles par rapport aux autres sans que, pour cela, le total ne puisse être fort élevé. Mettre sans cesse en avant le relatif ne prouve évidemment qu'une chose, c'est qu'on craint, et cela avec toute raison, les indications seules probantes de l'absolu.

CHAPITRE V

1° Responsabilité en cas de condamnation pénale.

Bien que la responsabilité du chef d'entreprise soit déterminée par la loi, il peut néanmoins, aux termes de l'article 9, encourir une condamnation pénale qui pourrait entraîner des dommages-intérêts spéciaux fixés par le tribunal.

Mais ces dommages-intérêts ne pourraient se cumuler avec l'indemnité allouée par la proposition, parce que, dit le rapport, *les poursuites en raison de la responsabilité pénale pourraient se produire après la fixation de l'indemnité prévue par la présente loi.*

Mais alors, à qui reviendraient ces dommages-intérêts accordés par le tribunal? C'est ce que le rapport ne dit pas, bien qu'il déclare que *le juge doit rester entièrement libre de fixer le taux de l'indemnité encourue.*

Toujours le même système de parti-pris; accumuler sur le dos de l'industrie la charge de toutes les indemnités possibles et imaginables et en arriver à ne plus savoir à qui les attribuer.

2° Détermination du salaire moyen.

La Commission ayant déterminé, en fractions du salaire moyen annuel de l'ouvrier blessé, le montant des indemnités qu'elle entendait lui accorder, il était naturel qu'elle précisât, en même temps, pour éviter toute difficulté, comment devait être évalué ce salaire moyen annuel, en tenant compte nécessairement du temps de chômage que subissent presque toutes les industries.

Ainsi, le salaire moyen annuel devra représenter trois cents fois le salaire quotidien de la victime au moment de l'accident, cinquante fois le salaire de la semaine si l'ouvrier ou l'employé est payé par semaine et enfin douze fois le salaire mensuel, quand le paiement par mois sera en usage.

Cette évaluation comporte une période de chômage de soixante-cinq jours dans le premier cas et de quinze jours dans le second, bien que le mode de paiement à la semaine soit beaucoup plus usité que le paiement à la journée qui, lui-même, est très fréquemment remplacé par le paiement à la quinzaine que la proposition passe sous silence.

Le paiement au mois ne suppose aucun chômage, ce qui ne peut être exact que pour les employés proprement dits.

Nous avons donc à relever un défaut de proportionnalité qui constituerait une inégalité dans l'attribution des indemnités, inégalité qui ne saurait se justifier par l'unique motif que les époques de paiement des salaires sont généralement subordonnées aux convenances des deux parties.

3° De la déclaration des accidents. — Enquête.

Tout accident doit être déclaré, dans un délai de vingt-quatre heures, au maire de la commune et au juge de paix du canton où il aura eu lieu, sous peine d'une amende de 50 francs au moins et de 500 francs au plus.

Nous avons déjà fait remarquer la rigueur de cette pénalité qui pourra atteindre des chefs d'entreprise qui, vu l'élasticité de l'interprétation possible de l'article premier, ne se seraient pas cru de très bonne foi soumis aux prescriptions de la loi.

Procès-verbal de la déclaration sera dressé et un récépissé en sera immédiatement délivré.

La forme de ce procès-verbal sera déterminée par un règlement d'administration publique. Le rapport ne donne de cette prescription aucun motif; nous ne dirons pas qu'il n'en existe pas, mais nous devons avouer qu'après l'avoir bien cherché nous n'avons pu le découvrir, à moins que ce ne soit pour donner à ce procès-verbal une solennité et une importance qu'il ne saurait en réalité comporter.

Le juge de paix devra procéder, en présence des parties ou elles dûment convoquées et dans les vingt-quatre heures, à une enquête qui sera close dans un délai de huit jours.

La minute en sera déposée au greffe de la justice de paix et une expédition pourra en être délivrée sur papier libre et aux frais des intéressés. Il y a lieu de remarquer que ce mode de procéder présenterait de grands avantages sous le régime actuel et faciliterait beaucoup l'établissement de la preuve.

La préférence accordée au juge de paix dans la conduite de l'enquête et non aux autorités de police telles que le maire, chargé de la police municipale, résulte de cette déclaration du rapport que « *rien ne doit faire préjuger que des faits d'une nature délictueuse se soient passés*».

Mais la nature délictueuse du fait qui aurait donné lieu à l'accident est essentiellement requise pour donner naissance à la responsabilité de droit commun. Nous devons donc constater, une fois de plus, que le risque professionnel imaginé par la Commission ne peut, d'après les propres expressions du rapport, faire naître la responsabilité fondée sur l'existence d'un délit ou d'un quasi-délit aux termes des articles 1382 et suivants du code civil.

4° De la fixation de l'indemnité. — Procédure.

Le président du tribunal de l'arrondissement dans lequel se sera produit l'accident devra, dans un délai de huit jours, après la réception du dossier de l'enquête, convoquer les parties pour tenter une conciliation. L'ordonnance qui constatera l'entente servira de titre aux parties.

Si l'entente n'a pas eu lieu, le tribunal statuera comme en matière sommaire et la victime de l'accident ou ses ayants droit jouiront de plein droit de l'assistance judiciaire pendant toute la procédure et pour l'exécution du jugement.

C'est donc, à peu près, dix jours après l'accident que l'essai de conciliation pourra être tenté et, dix-huit jours après, il devra avoir eu lieu. Or, il paraît peu probable que sauf le cas de mort immédiate ou de blessure dénuée de toute importance qui ne pourraient donner lieu qu'à une incapacité temporaire, ce délai puisse permettre l'appréciation des suites de l'accident, si l'on considère surtout que l'incapacité absolue ou partielle, conséquence des blessures les plus graves, devra seule, en réalité, être l'objet de la conciliation, vu le maximum prévu et vu la gravité de la blessure dont il sera tenu compte pour l'incapacité partielle. D'où il suit que la rapidité avec laquelle l'indemnité pourra être fixée dépendra beaucoup plus, dans la généralité des cas, de la nature même des blessures que des prescriptions de la loi auxquelles nous reprocherons de promettre beaucoup plus qu'elles ne pourront tenir.

Nous ne méconnaissons pas qu'une telle procédure constituerait sous le régime du droit commun une amélioration aussi sérieuse que désirable ; mais, sous le régime du risque professionnel, il est incontestable qu'elle occasionnera encore à l'industrie une charge dont il eût été peut-être aussi sage que raisonnable de tenir compte, sans toutefois lui appliquer le mode d'évaluation relative généralement pratiqué dans le rapport, puisque tous les accidents donneront lieu à des frais judiciaires qui, comme conséquence du risque professionnel, retomberont vraisemblablement sur le chef d'entreprise, vu surtout le silence à cet égard de la proposition dont l'abstention, sur ce point, ne révèle que trop les intentions de la Commission, car l'enquête ne se fera pas plus gratuitement que l'ordonnance du président ou le jugement du tribunal ne sera rendu sans frais.

Les jugements, rendus en vertu de la loi, seront exécutoires par provision, nonobstant opposition ou appel.

Les pensions et indemnités sont déclarées incessibles et insaisissables et « elles sont, en outre, privilégiées au même titre que celles énumérées dans l'article 2101 du code civil ».

De plus, en cas d'assurance contractée par le chef d'entreprise, l'ouvrier ou l'employé victime d'un accident et ses ayants droits auront un privilège dans les termes de l'article 2102 du code civil sur l'indemnité due par l'assureur.

La Commission, mue, sans doute, par un sentiment de bienveillance à l'égard de l'industrie, a tenu à lui en donner un témoignage, bien platonique il est vrai, en limitant à un an le temps pendant lequel pourrait s'exercer l'action en revendication de l'indemnité. Mais le rapport, dans un aveu trop caractéristique pour n'être pas retenu, ne peut s'empêcher de reconnaître que cette prescription annuelle est en réalité absolument illusoire, car, dit-il, « *il est vrai qu'en raison des dispositions nouvelles dont nous venons de parler, l'action judiciaire, à défaut de l'arrangement amiable, suivra presque forcément tout accident* ». Nous pouvons ajouter que l'obligation, sous peine d'amende, de déclarer l'accident, est une véritable action introduite par le chef d'entreprise contre lui-même et qu'ainsi la prescription dans l'espèce est un vain mot.

Enfin, toute convention contraire à la loi est déclarée nulle de plein droit. C'est dans un intérêt supérieur de paix sociale que la Commission entend supprimer la liberté des conventions entre patrons et ouvriers, afin de « *prévenir les graves inconvénients qui pourraient naître de conventions plus ou moins librement consenties, plus ou moins sincèrement reconnues* » et « *d'assurer la justice dans l'application de la responsabilité professionnelle en matière d'accidents* ».

Les prescriptions légales qui ne peuvent être modifiées par des conventions particulières n'ont été jusqu'ici que celles qui sont considérées comme étant d'ordre public, mais il nous paraît inadmissible de considérer comme telles, des obligations qui reposent sur la négation de ce grand principe de morale et de droit que l'on ne peut être responsable que de ses fautes.

Telle est l'économie générale de la proposition de la loi sur la responsabilité en cas d'accidents industriels élaborée par la commission parlementaire.

CHAPITRE VI

Paiement de l'indemnité au moyen de l'assurance.

Nous allons maintenant, pour compléter ce travail, examiner rapidement les moyens proposés par la Commission pour atténuer le poids de la charge qui sera pour l'industrie, la conséquence inévitable de l'application du système qu'elle propose.

Bien que le rapport prenne le soin de déclarer que la Commission *a d'abord reconnu que cette charge*, le paiement des indemnités, *n'est point créée, dans son principe, par les dispositions de son projet*, vu que sous le régime actuel comme sous celui qui est proposé, un petit patron chez lequel arriveraient successivement plusieurs accidents, courrait le même aléa de se voir ruiné, il n'en est pas moins certain, et les doléances de la Commission sur le grand nombre d'accidents pour lesquels les victimes ne peuvent obtenir aucune indemnité infirment d'une manière absolue sa déclaration, que ce petit patron qui, sous l'empire des articles 1382 et suivants du code civil, n'est exposé à payer une indemnité que si la preuve d'une faute commise par lui peut être établie, subira sous l'empire du risque professionnel une charge beaucoup plus lourde que précédemment, puisque le fait seul de l'accident arrivé chez lui l'obligera au paiement d'une indemnité, sans qu'il y ait de sa part la moindre faute

Le rapport invoque à l'appui de sa thèse l'indemnité minima et généralement la modération de toutes les autres indemnités prévues qui seraient inférieures à celles qui ont été quelquefois accordées par les tribunaux ; il prétend, en outre, que les frais seront moindres.

Ce sont là des assertions qui, pour avoir quelque valeur, devraient être appuyées sur des statistiques sérieusement établies et sur des évaluations non moins fondées qui auraient beaucoup plus de poids que des affirmations, d'ailleurs invraisemblables pour ce motif qui ne peut être contesté, que tout accident donnera lieu à une indemnité en même temps qu'il occasionnera des frais judiciaires qui, dans l'immense majorité des cas, si ce n'est toujours, retomberont sur le patron.

Tout en paraissant convaincue qu'elle n'imposait pas à l'industrie des charges nouvelles, la Commission a voulu, cependant, rechercher comment, au moyen de l'assurance, elle pourrait alléger celles que comporte sa proposition.

Elle a donc été amenée à étudier :

1° L'assurance obligatoire;

2° L'assurance par l'État;

3° L'assurance avec le concours de l'État, mais sans que sa responsabilité puisse être engagée.

1° De l'assurance obligatoire.

D'abord, dit le rapport, le risque professionnel étant une simple conséquence de la responsabilité de droit commun, les charges de l'assurance obligatoire ne pourraient incomber à la fois au patron et à l'ouvrier, car ce dernier se trouverait supporter en partie le poids de la responsabilité qui incombe au premier, ce qui est inconciliable avec le principe du risque professionnel.

De même, par l'assurance obligatoire à la charge exclusive du patron, l'État sortant de son rôle et du cercle de ses attributions légitimes se porterait juge de l'intérêt que pourraient avoir des citoyens à ne pas rester leur propre assureur et le rapporteur se demande, « *en vertu de quel principe de droit, surtout, l'État se constitue-t-il juge de leur intérêt purement privé et où s'arrêterait son intervention si on l'acceptait dans ce cas, en l'absence de tout principe de droit* ».

Et nous dirons, à notre tour, où s'arrêtera l'intervention de l'État si le pouvoir législatif admettait le principe de la proposition de la Commission? Quel principe de droit privé serait assuré de ne pas disparaître un jour ou l'autre du code civil, si, comme le demande la Commission, le principe de la responsabilité en matière d'accidents pouvait prendre naissance non seulement en l'absence de toute preuve d'une faute commise par le patron, mais encore s'il était reconnu que la faute n'a pu exister?

De plus, de quelque manière qu'elle puisse être organisée, soit que l'État se substitue à la responsabilité individuelle et prélève une contribution forcée, *comme en Allemagne*, soit que, après avoir décrété l'assurance obligatoire en principe, l'assuré soit laissé libre de prendre pour assureur l'État ou une société privée à laquelle certaines conditions seraient imposées, l'assurance obligatoire n'est, aux yeux de la Commission, *qu'un vain mot et une illusion.*

Dans le premier cas, dit le rapport, il n'y a plus de risque et, par suite, plus d'assurance, *il n'y a qu'une obligation nouvelle de l'État envers certains et un impôt nouveau prélevé par lui sur certains autres :* dans le second cas qui, d'après le rapporteur, rentre nécessairement dans le premier, car le libre choix de l'assureur est incompatible avec l'assurance obligatoire, la seule sanction que comporte ce système ne peut être *qu'une pénalité et une responsabilité augmentée.*

Le rapport ajoute :

Pour que l'assurance ait été réellement obligatoire, il aurait fallu qu'elle produisît, dans tous les cas, ses effets aussi bien envers les chefs d'entreprise qu'envers les ayants droit à indemnité ; il faudrait en un mot qu'elle fût considérée comme existant d'office, — l'assureur étant tenu de payer le risque et l'assuré la prime.

Enfin, d'après le même document, *l'assurance ne saurait se concevoir sans un libre contrat. Otez de ce contrat la liberté, sa nature change aussitôt ; l'assurance disparaît ; il ne reste plus que l'impôt d'une part, et un service nouveau accepté par l'État, d'autre part. Car on ne conçoit même pas que l'obligation de faire puisse être exercée par un particulier sur un autre particulier, et l'État intervient forcément de tout son poids dès que l'obligation est véritable.*

Telles sont les considérations qui ont amené la Commission à ne pas accepter l'assurance obligatoire comme auxiliaire de la mise en application de la responsabilité issue du risque professionnel.

Nous ne sommes pas plus partisan, que la Commission, de l'assurance obligatoire, non pas que nous pensions, comme le rapport, qu'elle n'est *qu'un vain mot et qu'une illusion,* mais parce qu'elle comporte, *pour tout accident,* un risque imposé par l'État et qu'elle implique, de sa part, une ingérence que nous considérons comme étant le premier pas fait dans une voie fort périlleuse.

Pour préciser les quelques observations que nous croyons devoir faire au sujet de l'appréciation émise par la Commission sur l'assurance obligatoire, nous ne considérerons que la dite assurance telle qu'elle est pratiquée en Allemagne, en ce qui concerne les accidents.

Tout d'abord, cette appréciation repose sur une erreur manifeste concernant le rôle de l'État dans le fonctionnement de l'assurance obligatoire, tel qu'il ressort d'une manière incontestable des dispositions fondamentales de la loi allemande du 6 juillet 1884. Et les conséquences de cette erreur ont été poussées jusqu'au point de méconnaître l'existence de l'assurance dans le groupement professionnel prescrit par la loi qui en a soumis les éléments, d'une manière aussi indéniable que précise, à toutes les règles qui constituent les principes primordiaux de l'assurance mutuelle.

L'État n'est substitué en aucune façon à la responsabilité individuelle des industriels. Le principe de la loi allemande repose, en effet, comme nous l'avons vu, sur la responsabilité des corporations professionnelles auxquelles la loi a donné le pouvoir de sauvegarder par elles-mêmes cette responsabilité en les autorisant à imposer à leurs membres toutes les mesures de sécurité qu'elles croiraient nécessaires, et d'en faire surveiller par des inspecteurs spéciaux la stricte exécution. Si la responsabilité individuelle a disparu, il est vrai, il n'en est pas moins certain que ce n'est pas celle de l'État qui lui a été substituée. Le contrôle rigoureux exercé par l'État sur les opérations des corporations d'assurance et son intervention incessante dans leur fonctionnement, ne modifient en rien le principe de la loi du 6 juillet 1884, laquelle n'a aucun rapport avec le projet primitif présenté au Parlement le 8 mai 1881 par le Gouvernement impérial, projet qui, en donnant à l'État le monopole de l'assurance et en contraignant les industriels à s'assurer auprès de lui, substituait en réalité la responsabilité de l'État à celle de l'individu et qui aurait mérité les critiques que le rapport adresse, par erreur, à la loi actuellement en vigueur.

Il n'est pas plus contestable que la matière première, la raison d'être de l'assurance, c'est-à-dire un risque à couvrir, n'a subi qu'une transposition sans que son objet, son essence, ait été atteint, en passant de la tête de l'industriel sur celle de la corporation qui, en subissant le risque, devient une association d'assurance mutuelle, puisque les charges qui lui incombent doivent être partagées proportionnellement entre ses membres d'après les principes qui régissent toutes les mutualités.

Mais si, au lieu d'imposer la forme de la mutualité pour parer aux éventualités du risque, la loi allemande avait adopté le système de l'assurance à forfait, en obligeant les industriels à contracter une assurance moyennant une prime fixe, soit auprès de l'État devenu assureur, comme l'État français aux termes de la loi du 11 juillet 1868, soit auprès d'un établissement privé, s'ensuivrait-il, comme le prétend le rapport, que l'assurance obligatoire ne pourrait exister, parce que le libre choix de l'assureur aurait disparu ? Evidemment non ! L'obligation de s'assurer dans un système ou dans un autre, en mutualité ou à forfait, ne modifie en rien le caractère de l'assurance à laquelle on offre dans les deux cas un risque à couvrir. Un acte de l'autorité publique établit l'obligation ; un risque à couvrir donne naissance à l'assurance. L'assurance obligatoire ne serait *qu'un vain mot et une illusion* que dans le cas où le risque n'existerait pas.

Mais, comme la Commission ne peut nier l'existence du risque, sa thèse s'évanouit et la réalité de l'assurance obligatoire demeure incontestable en principe et incontestée en Allemagne, où l'on a la satisfaction de jouir en pratique de ses applications variées.

L'amende n'est pas plus la sanction nécessaire dans le cas où l'assurance obligatoire serait contractée à forfait que dans tous les autres cas où une obligation légale d'un caractère particulier est imposée aux citoyens. Toute obligation légale, base d'une loi, a pour sanction naturelle et nécessaire une pénalité.

La Commission, d'ailleurs, ne l'oubliait pas quand elle établissait, à l'égard de tout chef d'entreprise soumis à la loi qui ne déclarerait pas un accident arrivé chez lui, une amende pouvant s'élever à 500 fr., et la loi allemande elle-même, bien qu'ayant adopté le système de la mutualité, édicte dans plusieurs cas des amendes dont le maximum a été fixé à 300 marks.

Nous n'admettons pas qu'il soit vrai de dire que la responsabilité puisse être aggravée par le fait d'une assurance à forfait, à laquelle un industriel se serait soustrait pour l'unique motif, que *l'assurance proclamée obligatoire n'aurait cependant pas eu lieu* et qu'il *resterait seul en face de son risque et de sa responsabilité aggravée par la loi.*

Si une loi n'est pas observée, peut-on lui imputer les conséquences fâcheuses qui pourront atteindre l'auteur de la faute ? De même, si un industriel refuse d'observer la loi, c'est-à-dire, de diminuer la charge de sa responsabilité éventuelle par une assurance, est-il admissible de prétendre que l'obligation légale, où il était de s'assurer, lui impose, au point de vue du risque, une charge supérieure à celle qu'il a voulu de son plein gré accepter, en restant lui-même son propre assureur et en subissant, en parfaite connaissance de cause, les conséquences d'une responsabilité plus lourde, que l'assurance obligatoire a précisément pour effet d'atténuer ?

L'assurance, pour être obligatoire, d'après la Commission, doit produire, dans tous les cas, *ses effets aussi bien envers les chefs d'entreprise qu'envers les ayants droit à indemnité* et être *considérée comme existant d'office,* — *l'assureur étant tenu de payer le risque et l'assuré la prime.*

Mais, tels sont bien les effets de la loi allemande du 6 juillet 1884. Les chefs d'entreprise, soumis par corporations professionnelles aux principes de la mutualité, sont à la fois assureurs et assurés; ils paient effectivement le risque et la prime en se partageant tous les ans les charges que la corporation a dû subir, par le paiement aux ayants droit, des indemnités que la loi leur accorde. Les effets que réclame la Commission se réalisent bien dans tous les cas, car toujours les chefs d'entreprise paient et les ayants droit reçoivent; l'assurance qui produit légalement de tels effets est certainement bien obligatoire.

Enfin, nous terminerons l'examen des critiques adressées à l'assurance obligatoire en faisant observer que le libre consentement des parties est, il est vrai, la condition primordiale de la validité de toute convention ; le contrat d'assurance, comme tous les autres, est soumis à ce principe. Mais, dans le contrat d'assurance obligatoire, le libre consentement ne peut être considéré que comme un acte d'obéissance à la loi qui impose, dans ce cas, sa propre volonté à celle des parties et consacre par ce fait la validité du contrat.

Il serait, sans nul doute, bien excessif d'en conclure que la *nature du contrat change aussitôt*, le risque que l'assurance doit couvrir existant toujours, et de la considérer comme un « *impôt d'une part, et un service nouveau accepté par l'État, d'autre part,* quand l'assurance a été organisée, comme en Allemagne, en dehors de toute responsabilité et de toute participation de la part de l'État.

Nous avons cru devoir répondre un peu longuement aux objections que fait la Commission au système de l'assurance obligatoire. Ce n'est pas pour défendre ni tout au moins pour justifier ce système que nous repoussons parce qu'il comporte une solution qui est due plutôt à la toute-puissance de l'État qu'à un sentiment de justice et de respect pour la liberté, en dehors duquel les intérêts des deux parties ne peuvent recevoir la satisfaction légitime à laquelle ils ont le droit de prétendre.

Mais il nous paraît hors de doute que toutes les critiques de la Commission à l'égard du principe de l'assurance obligatoire peuvent s'adresser, avec tout autant de raison, au principe du risque professionnel dont elle entend faire retomber, en vertu de la loi, la responsabilité entière sur l'individu, tandis qu'en Allemagne, la même responsabilité, supportée collectivement, de même en vertu de la loi, est du moins atténuée par l'assurance mutuelle obligatoire.

Deux mots suffiront à faire ressortir cette inconséquence.

Si, en effet, nous recherchons ce qu'est en réalité l'assurance obligatoire contre les accidents, telle qu'elle est pratiquée en Allemagne, considérée au point de vue de l'obligation, nous voyons qu'en Allemagne, comme cela aurait lieu en France, toute victime d'un accident a droit à une indemnité, c'est-à-dire, en employant les termes du rapport, que dans les deux pays l'État est intervenu *de tout son poids* pour que *l'obligation de faire puisse être exercée par un particulier sur un autre particulier.*

Tel est bien l'effet de l'intervention de l'État, établissant en Allemagne l'assurance obligatoire, et en France le risque professionnel, effet identique dans les deux pays, bien que les conséquences en soient différentes.

En Allemagne, c'est la corporation professionnelle, véritable association d'assurance mutuelle qui répartit entre ses membres d'une manière proportionnelle et déterminée, les charges de la responsabilité qui lui incombe, à elle personnellement. Chacun de ses membres est donc déchargé du poids de la responsabilité au moyen du paiement de la part qui lui revient dans la répartition proportionnelle, base de toute mutualité.

En France, c'est le chef d'entreprise qui supportera seul tout le poids de la responsabilité à laquelle donnera lieu tout accident survenant chez lui pendant le travail. Mais, par la création des syndicats d'assurances prévue par la Commission, le patron français aura la faculté de partager les charges de cette responsabilité avec d'autres patrons, faculté qui n'existe pas pour le patron allemand qui, lui, est dans l'obligation légale de participer au partage des charges d'une responsabilité collective.

Ainsi, dans les deux pays, droit à indemnité reconnu à toute victime d'un accident; mais d'un côté, responsabilité collective devant donner naissance à une association d'assurance mutuelle; de l'autre, responsabilité individuelle pouvant donner lieu par l'association à une mutualité.

Donc, en réalité, de part et d'autre, une responsabilité édictée par la loi et s'étendant indistinctement à tout accident, quelle qu'en soit la cause.

Mais puisque la Commission n'admet pas qu'en Allemagne le droit de recevoir une indemnité puisse être exercé par un ouvrier blessé contre une corporation, comment propose-t-elle que ce même droit soit reconnu en France pour tout blessé à l'égard de son patron, droit qui, comme en Allemagne, ne peut naître que quand *l'État intervient forcément de tout son poids pour qu'une obligation de faire puisse être exercée par un particulier sur un autre particulier?*

S'il nous était objecté que ce droit n'est pas nouveau, qu'il n'est qu'une extension du droit commun français, comme le prétend la Commission, nous ferions observer, une fois de plus, qu'un cas fortuit ou de force majeure, par exemple, n'a jamais impliqué, d'après le droit français, de la part du patron dans l'entreprise duquel est arrivé un accident, un délit ou un quasi-délit qui comporterait l'application des articles 1382 et 1383 du code civil.

Nous concluons : les arguments de la Commission contre l'assurance obligatoire se retournent contre sa théorie du risque professionnel, les deux systèmes reposant sur une prescription légale qui étend à tout accident une responsabilité obligatoire.

2° L'assurance par l'État.

L'assurance par l'État a été créée par la loi du 11 juillet 1868, en ce qui concerne l'assurance en cas de décès et l'assurance contre les accidents mais, toutefois, pour la première, dans des limites fort étroites, puisque le capital assuré ne peut dépasser mille francs.

La Commission considère que le rôle d'assureur rentre dans les fonctions essentielles de l'État, qui fait ainsi bénéficier, *autant que possible, chaque individu de la force propre à l'union de tous*, et de cette force naît la sécurité absolue des contrats conclus. Cette considération générale qui pourrait servir de justification à l'exercice de toutes les professions par l'État ne s'applique donc pas d'une manière particulière à l'assurance contre les accidents, industrie qui ne rentre pas plus que les autres dans les attributions de l'État, puisqu'elle peut être et qu'elle est, en effet, mieux exercée par des particuliers que par l'État, comme l'expérience l'a amplement prouvé.

La loi de 1868 avait sa raison d'être, parce qu'à cette époque, ce genre d'opérations était fort peu répandu ; il était donc très admissible que l'État entreprît ce que l'initiative privée ne faisait pas et attirât, ainsi, l'attention publique sur une des variétés de l'assurance, laquelle était appelée, comme toutes les autres, à rendre les plus grands services.

Mais aujourd'hui ce rôle d'initiateur est fini et les nombreuses sociétés qui se sont fondées depuis 1870 fournissent la preuve évidente, aussi bien que l'insuccès de la caisse d'assurances de l'État, que l'industrie privée peut donner satisfaction à tous les besoins et qu'elle suffit à cette tâche. Invoquer en faveur de l'État une sécurité exceptionnelle, c'est exagérer considérablement un avantage qu'une société peut présenter au même degré, surtout en ce qui concerne l'assurance contre les accidents dont le risque annuel, comme dans l'assurance contre l'incendie, est complètement couvert par la prime de l'année; il n'est donc en réalité accordé à la société qu'un crédit d'un an. La question de sécurité n'est réellement sérieuse et de la plus haute importance que dans l'assurance sur la vie qui, comportant des engagements dont l'échéance peut n'avoir lieu qu'à une époque très reculée, autorise toute crainte sur la solvabilité continue d'une société qui ne présente pas les plus solides garanties.

Toutefois, quand l'État impose à l'industrie des charges comme celles qui résulteraient de l'adoption de la proposition, il nous paraît fort admissible qu'il fournisse en même temps les moyens de les alléger en donnant l'assurance à un prix qui exclut tout bénéfice, ce que ne peut évidemment pas faire une Société privée et en mettant à la disposition du monde industriel une Caisse d'assurance créée par une loi qu'on ne propose pas d'abroger, Caisse dont les ressources importantes trouveront ainsi un très utile emploi (1).

3° De l'assurance avec le concours de l'État.

Le concours de l'État consisterait uniquement à mettre à la disposition d'associations dénommées « syndicats d'assurance mutuelle » les différentes Caisses dont il dispose, Caisse nationale d'épargne, Caisse nationale des retraites, mais à la condition que ces associations, librement formées, devraient soumettre leur organisation aux prescriptions de la loi.

Nous allons voir comment la Commission a entendu réaliser l'assurance, soit avec le concours de l'État, soit par l'État lui-même.

---

(1) D'après le dernier rapport de la Commission supérieure des Caisses d'assurances de l'État, la Caisse d'assurance en cas d'accident possédait, au 31 décembre 1885 : 175,600 francs de rentes 4 1/2 et 3 0/0 et un solde en espèces de 45,815 fr. 43 c.

CHAPITRE VII

1° Des syndicats d'assurance mutuelle.

Objet des syndicats. — L'article 23 est ainsi conçu :

« Les chefs d'entreprise pourront former entre eux des syndicats à l'effet de constituer des caisses d'assurance mutuelle contre les risques, prévues par la présente loi.

Ces caisses seront basées sur la répartition annuelle des charges résultant des accidents. »

La base de toute assurance mutuelle est déterminée par la condition essentielle que la répartition des charges occasionnées par les risques aura lieu d'une manière proportionnelle entre tous les membres de l'association, mais elle ne peut reposer sur la fixation de l'époque à laquelle se fera cette répartition. — L'époque de la répartition n'est qu'une condition accessoire en dehors des conditions essentielles de l'assurance mutuelle qui ne peut exister que si la répartition est effectuée sur des bases proportionnelles.

Les statuts doivent prescrire :

1° La formation d'un capital entièrement versé, égal à la quarantième partie au moins du total des salaires annuels payés dans l'année qui précédera celle de la constitution du syndicat, par les membres qui le composeront et qui devront appartenir au moins à dix établissements différents;

2° Qu'une commission devra établir un tarif des risques d'après lequel seront classés tous les ans les établissements syndiqués ;

3° Que les frais annuels de toute nature seront répartis entre chaque établissement proportionnellement au montant des salaires payés par chacun d'eux et au taux du tarif de risques qui lui aura été appliqué;

4° Les conséquences des cessations d'exploitation et notamment les moyens de garantir le recouvrement des contributions dues par les chefs d'entreprise qui cesseront leur exploitation.

Capital. — Le capital que devront posséder les syndicats au moment de leur constitution n'est en réalité qu'un fonds de roulement. Il est évalué par la Commission à 2 1/2 0/0 des salaires, c'est-à-dire, *au double du chiffre auquel les statistiques, qui ont servi de base à la loi allemande, portent l'importance probable des indemnités annuelles en cas d'accidents industriels.*

Cette base d'évaluation nous paraît bien arbitraire. En effet, l'application de la loi du 6 juillet 1884 a démontré combien les prévisions fournies par les statistiques différaient de la réalité qui accuse, pour les secours et les pensions, des charges bien supérieures à celles que les calculs laissaient entrevoir (1), charges qui, d'ailleurs, d'après le système adopté, lequel consiste à n'exiger des corporations que le paiement annuel des pensions et non le versement d'un capital au moment de l'attribution de l'indemnité, iront sans cesse en augmentant jusqu'à la soixante-quinzième année, avec le quantum pour cent des salaires qui les représentent.

« L'importance probable des indemnités annuelles, d'après les statistiques allemandes, est donc nécessairement une fraction variable du salaire et elle ne peut permettre avec quelque raison, aucune prévision, suffisamment fondée, des charges annuelles qui pourront incomber aux syndicats français.

Et cela est encore d'autant plus vrai, que l'attribution des indemnités exigera de la part des syndicats, aux termes de la proposition, non le paiement d'une pension annuelle, mais le versement à la Caisse nationale des retraites d'un capital dont l'importance variera même suivant l'âge de l'ayant droit.

Les syndicats agiraient donc sagement, pour ne pas se trouver, dans le courant de l'année, dans l'impossibilité de satisfaire aux prescriptions de la loi, soit en ne s'en tenant pas au capital minimum que la Commission leur impose, soit en s'imposant une répartition semestrielle au lieu de la répartition annuelle obligatoire, à moins que la Caisse d'épargne ne ne consente à faire des avances qui dépasseraient le capital versé, ce qui paraît peu probable.

Tarif des risques. — La délicate et difficile mission d'établir un tarif des risques et d'opérer, d'après ce tarif, le classement des établissements ne peut comporter de la part d'une commission qu'un travail préparatoire qui devrait être soumis à l'approbation des intéressés avant même que le

---

(1) Voir à cet égard les importantes études de M. Gruner sur la loi du 6 juillet 1884 : *Les lois d'assistance ouvrière en Allemagne ; Les lois nouvelles d'assistance ouvrière en Allemagne, Autriche et Suisse.* — Imprimerie Chaix, 1887.

syndicat ne soit constitué, car il n'est pas douteux que l'établissement du tarif et le classement qui en sera la conséquence présenteront à la marche des syndicats, si ces points ne sont réglés qu'après leur formation, des obstacles dont il ne faut pas se dissimuler la gravité.

La Commission parlementaire semble, à en juger par le texte qu'elle a adopté, avoir voulu charger une commission spéciale du soin de résoudre et même de trancher cette importante question, en imposant statutairement aux syndicats sa constitution, prescription bien inutile, d'ailleurs, puisque le mode de répartition prévu implique l'établissement d'un tarif des risques.

Cette disposition imprévoyante ne facilitera certainement pas une entente de laquelle dépend l'existence des syndicats, entente qui se réalisera d'autant plus laborieusement que, les membres des syndicats pouvant appartenir à des industries différentes, les dangers particuliers à chaque industrie seront moins connus de la majorité et ne seront par suite que plus difficilement appréciés.

Répartitions annuelles. — Les syndicats devant former des associations d'assurance mutuelle, il convient de tenir compte, dans la répartition des charges qu'ils auront à supporter, de tous les éléments du risque qui auront occasionné ces charges. L'élément essentiel du risque, l'ouvrier, ne figure cependant pas parmi ceux que la Commission, avec toute raison, a considérés comme devant servir de base à la répartition; le montant des salaires, puisque l'indemnité doit en être une fraction; et le taux du tarif des risques au moyen duquel il est tenu compte à chacun du risque plus ou moins grand que présente, pour la collectivité, son industrie particulière.

Il est incontestable que plus le personnel ouvrier d'un établissement sera nombreux, plus les risques d'accidents seront grands, et plus élevé sera à la fin de l'année le montant des indemnités payées. Aussi, pour rester dans toute la vérité et la justice du principe de la mutualité et étant donné que le rapport du nombre des ouvriers au montant des salaires varie presque certainement dans chaque établissement, la répartition devrait-elle être faite en proportion du montant des salaires, du nombre des ouvriers et du taux du tarif des risques, c'est-à-dire proportionnellement au produit de ces trois éléments.

Nous ajouterons que pour qu'il soit tenu compte dans la répartition de l'âge des ayants droit, comme le fera la Caisse de retraites, d'après ses tarifs, dans la détermination du capital qui devra servir à constituer les pensions, il y aurait lieu de multiplier le produit obtenu ainsi qu'il vient d'être dit par le capital exigé par la Caisse des retraites pour avoir, dans toute la rigueur de la mutualité, le nombre proportionnel afférent à chaque membre d'un syndicat.

De plus, nous devons constater, tout en reconnaissant qu'il n'est pas possible en France d'imposer un pareil contrôle, que la faculté accordée aux corporations allemandes de prendre toutes les mesures nécessaires pour diminuer et le nombre et la gravité des accidents, rend la mutualité qui les régit plus rigoureuse et plus vraie que ne serait celle que la proposition impose aux syndicats dont elle règle le fonctionnement.

Homologation des statuts. — Les statuts des syndicats devront être homologués par le Ministre du commerce et de l'industrie. Toutefois, si aucune décision n'était intervenue dans un délai de trois mois, à partir du dépôt des statuts à la préfecture, l'homologation sera tenue pour acquise.

L'homologation par le silence est le meilleur argument que la Commission ait pu fournir pour démontrer que cette formalité n'a aucune raison d'être.

Le rapport justifie encore cette appréciation, quand il dit : *Il était nécessaire de s'assurer que les prescriptions de la loi seraient respectées dans les statuts des syndicats ; l'obligation de les faire homologuer était le moyen le plus certain et le plus naturel d'y parvenir.*

Le moyen est, en réalité peu certain, car les prescriptions des statuts pourraient être aussi bien violées que celles de la loi ; mais il n'en est pas moins fort ingénieux et assurément bien peu libéral. Le législateur de 1867, en affranchissant les sociétés anonymes de l'autorisation préalable, a été en vérité bien naïf et bien imprévoyant. Nous ajouterons que la faculté de faire appel devant le Conseil d'État de la décision du Ministre refusant l'homologation est illusoire, car elle est de droit en vertu des lois des 7-14 octobre 1790 et 24 mai 1872.

La Caisse nationale d'épargne. — La Caisse nationale d'épargne, que la loi du 9 avril 1881 a constituée sous le nom plus modeste de « Caisse d'épargne postale », est autorisée à se charger avec la Caisse nationale des retraites du service financier des syndicats. Elle recevra le montant du capital versé qui portera intérêt comme un dépôt ordinaire et elle paiera les indemnités. Ces paiements donneront lieu, à son profit, à une bonification d'intérêt à 4 0/0. D'où une rémunération déguisée égale à

1 0/0 du montant du capital, car, en vertu de ladite loi de 1881, les dépôts reçoivent un intérêt annuel de 3 0/0.

Tous les ans la Caisse d'épargne adressera aux syndicats l'état de leurs comptes. Les avances, intérêts compris, seront remboursées dans un délai de 30 jours, au moyen des mandats de répartition qui seront fournis par les syndicats sur chacun de leurs membres.

Les mandats non soldés seront renvoyés aux syndicats et leur montant sera porté au débit du compte d'avances et compris dans la répartition du prochain exercice. En suivant cette procédure, nous ne voyons pas comment la Caisse d'épargne arrivera à se faire rembourser de ses paiements, car maintenir indéfiniment un mandat impayé au débit du compte d'avances ne saurait comporter un remboursement. Les syndicats qui auront à payer un intérêt de 4 0/0 sur le montant de ces mandats en souffrance seront, il est vrai, intéressés à ne pas prolonger indéfiniment cette situation désavantageuse pour eux et à prendre les mesures nécessaires pour en obtenir le paiement.

Mais la Commission ne paraît pas plus s'être préoccupée de leur fournir les moyens d'exercer cette revendication qu'elle ne s'est aperçu que les syndicats ne pourraient se faire représenter ni dans l'enquête qui devra avoir lieu après un accident, ni dans les essais de conciliation que la loi impose au Président du tribunal ou dans l'instance qui pourra être engagée devant le tribunal.

Constituer une association sans lui accorder les prérogatives les plus indispensables de la personnalité civile est, en effet, un oubli qui ne tend à rien moins qu'à paralyser toute l'organisation que l'on prétend établir.

Ainsi donc le droit, pour les syndicats, d'ester en justice tant en demandant qu'en défendant par l'organe de leurs présidents, est la condition première de leur fonctionnement et, par suite, de leur existence.

La Caisse nationale des retraites. — Le service des pensions viagères ou temporaires sera fait à capital aliéné et quel que soit l'âge des ayants droit par la Caisse nationale des retraites, qui recevra les versements nécessaires à cet effet, versements qui seront *effectués entre ses mains par les syndicats ou par la Caisse nationale d'épargne.*

Nous nous trouvons encore ici en présence d'une des nombreuses incohérences qui ne se rencontrent que trop souvent dans cette proposition mal combinée qui n'a cru devoir être précise que quand elle s'adresse à la bourse des industriels.

Puisque le capital versé doit être déposé à la Caisse d'épargne postale, ce qui exclut pour les syndicats tout maniement de fonds, comment pourraient-ils faire à la Caisse des retraites, comme le prévoit la proposition, les versements nécessaires à la constitution des rentes ? Ces versements impliqueraient, dans le fonctionnement des syndicats, la suppression facultative de l'emploi de la Caisse d'épargne, suppression qui détruirait l'harmonie de l'organisation proposée par la Commission, et qu'elle ne paraît pas, d'ailleurs, avoir prévu.

Solidarité. — Enfin, les membres des syndicats demeurent solidairement responsables des avances faites par la Caisse nationale d'épargne et des capitaux à verser à la Caisse nationale des retraites.

La solidarité nous paraît être la conséquence aussi bien de l'organisation prévue de ces associations que de leur objet qui ne permet pas qu'un paiement, dû en vertu d'une loi, puisse être compromis par ceux qui s'en sont chargés. Mais, cependant, nous sommes portés à croire que cette prescription éloignera des syndicats bien des industriels qui estimeront peut-être qu'elle constitue encore pour eux un risque qui n'est point suffisamment compensé par les avantages de l'assurance, surtout si, comme le texte précité paraît le comporter, la solidarité doit s'étendre indistinctement entre tous les membres des syndicats et non entre les seuls membres de chaque syndicat.

2° Assurance sous la garantie de l'État.

La loi du 11 juillet 1868. — Cette assurance est mise actuellement en pratique par la Caisse d'assurance contre les accidents instituée par la loi du 11 juillet 1868. Son insuccès incontesté a amené la Commission à rechercher s'il ne serait pas possible d'améliorer son organisation. M. le directeur de la Caisse consulté à ce sujet, a répondu *que |les données statistiques faisaient défaut, la Caisse n'ayant opéré que sur des quantités tout à fait insuffisantes, et l'administration n'ayant pas d'autres renseignements à sa disposition.*

Elle a entrepris cependant, malgré cette déclaration, le remaniement complet de la loi du 11 juillet 1868, tout en déclarant que *les assurances qu'elle accorde actuellement ne sont pas supprimées.*

Nous allons indiquer brièvement les points saillants de la nouvelle organisation que la Commission propose.

Objet de l'assurance. — D'abord, la Caisse est autorisée à garantir les chefs d'entreprise, visés par l'article 1ᵉʳ de la proposition, contre les conséquences pécuniaires de la responsabilité en cas d'accidents, au moyen d'une assurance qui, sous peine de nullité, devra être contractée pour tous les ouvriers et employés d'une exploitation.

L'assurance pourra, exceptionnellement et pour des entreprises qui ne fonctionnent qu'une partie de l'année, être faite pour une durée de trois mois seulement et moyennant une prime égale au tiers de la prime annuelle. Nous ne nous expliquons pas pourquoi, la durée du risque étant réduite au quart de l'année la prime correspondante sera égale au tiers et non au quart de la prime qui serait dûe pour l'année entière.

De plus, seront encore admis à contracter une assurance auprès de la Caisse :

1° Les personnes travaillant pour leur compte dans l'une des industries comprises dans les cinq catégories dans lesquelles les industries sont classées suivant les accidents qu'elles comportent, moyennant le paiement de la prime de la catégorie à laquelle appartient ladite industrie ;

2° Les personnes occupées à des travaux agricoles ou industriels dans des entreprises autres que celles qui font partie de l'une des cinq catégories, moyennant le paiement d'une prime égale aux neuf dixièmes de celle afférente à la cinquième catégorie, sans que cette prime puisse être inférieure par personne assurée à 6 fr. 50 pour les hommes, ni à 4 francs pour les femmes.

Le taux de la prime pourra être modifié tous les ans par le Ministre du commerce et de l'industrie, dans les mêmes conditions que les primes générales.

Le rapport ne donne aucune explication au sujet des primes réduites, assujetties cependant à un minimum, que devront payer les assurés occupés dans une industrie non comprise dans les cinq catégories. Ce minimum, excède, pour les hommes, de 0 fr. 50 la prime de 6 fr. prévue par la proposition et de 1 fr. 10 la prime réduite correspondante ; en ce qui concerne les femmes, le minimum est inférieur de 0 fr. 50 à la prime prévue et de 0 fr. 05 à la prime réduite. Le rapport ne donne à ce sujet aucune explication.

Ces anomalies auraient pourtant bien mérité une petite justification.

L'indemnité en cas d'incapacité absolue de travail pourra être portée, à la demande des assurés autres que les chefs d'entreprise soumis à la loi, à la moitié ou aux deux tiers du salaire servant de base à la prime, moyennant une majoration de la prime de 30 0/0 dans le premier cas et de 60 0/0 dans le second.

L'indemnité en cas d'incapacité partielle et la prime correspondante pourront de même être évaluées sur les mêmes bases.

La majoration de la prime correspondant à l'augmentation de l'indemnité a été fixée d'après un calcul basé sur des données allemandes.

Classement des industries et primes afférentes aux catégories. — Les industries, comme nous l'avons déjà dit, ont été classées en cinq catégories, suivant les risques qu'elles présentent.

Ce classement sera revisé tous les ans d'après les résultats constatés l'année précédente et, s'il y a lieu, modifié par le Ministre du commerce et de l'industrie qui pourra, en tout temps, comprendre, par assimilation, dans une des catégories une industrie nouvelle ou toute autre industrie qui n'y figurerait pas.

La Commission a déterminé la prime qui correspond à chacune de ces catégories. Mais les primes, comme le classement, ne sont que provisoires et elles ne sont applicables que pendant la première année, à dater de la promulgation de la loi jusqu'au 31 décembre suivant. Tous les ans, avant le 1er octobre, le Ministre du commerce et de l'industrie fixera en tenant compte « des résultats de l'année antérieurement connue », le taux des primes pour l'année qui commencera le 1er janvier suivant, de manière à couvrir les dépenses prévues.

Le classement des industries et la détermination des primes reposent sur des *bases statistiques*, qui ont été prises par la Commission dans un rapport présenté au Reichstag à l'appui de la loi sur l'assurance obligatoire, bases qu'elle a corrigées suivant les particularités de sa proposition, et qui lui ont permis d'entreprendre et d'achever ce travail difficile, car, dit le rapporteur, pour déterminer le classement des industries par ordre de risque et pour fixer la prime qu'il convenait de leur appliquer, il fallait connaître:

1° *Le nombre d'accidents mortels par mille ouvriers;*

2° *Le nombre d'accidents suivis d'incapacité permanente de travail;*

3° *Le rapport entre les charges résultant des deux sortes d'accidents.*

Le rapport s'étant borné à des considérations fort générales et ne donnant aucune indication précise sur les calculs auxquels la Commission s'est livrée, il nous est impossible de discuter la méthode qui a pu être suivie et d'apprécier les résultats auxquels elle a conduit.

Si, toutefois, nous considérons les trois éléments qui ont dû servir de base à ces calculs, nous devons faire remarquer :

1° Que le nombre d'accidents mortels par mille ouvriers ne peut permettre de déterminer le coefficient exact du risque mortel, c'est-à-dire, le rapport du nombre d'ouvriers tués à celui des ouvriers employés, un accident pouvant causer et causant souvent, comme cela a lieu surtout dans les mines, la mort de plusieurs personnes. Or la détermination de ce coefficient est le point de départ de l'évaluation de la partie de la prime afférente à ce risque;

2° Que le nombre des accidents suivis d'incapacité permanente de travail ne fournit aucune base au calcul, puisqu'il ne fournit aucun des deux termes du rapport indispensable à toute évaluation. L'observation précédente s'applique encore en tous points à ce cas;

3° Que le rapport entre les charges résultant des deux sortes d'accidents est absolument inutile et sans but pratique, car les premiers éléments du calcul doivent précisément fournir les charges occasionnées par chacune des sortes d'accidents. De plus, il ne peut être intéressant de connaître le rapport existant entre deux quantités que quand, l'une d'elles étant connue, on a besoin de trouver l'autre, méthode qui rendrait sans objet la connaissance de l'un des deux premiers éléments que le rapport considère cependant comme nécessaire au calcul de la prime.

Les mêmes observations permettent de dire que le classement des industries opéré sur ces bases ne peut être qu'empirique, si l'on tient compte surtout que la statistique allemande, dont la Commission fait si grand cas, est nécessairement peu rigoureuse, puisque l'expérience n'a porté que sur quatre mois, du 1er août au 30 novembre 1881, comme d'ailleurs l'application de la loi du 6 juillet 1884 l'a déjà surabondamment démontré, bien que les industries aient été classées en quatorze groupes et non en cinq comme la Commission a cru pouvoir le faire.

Le rapport reconnaît lui-même qu'en ce qui concerne le classement des industries et la fixation des primes, *les formules que l'on peut adopter ont un caractère encore très incertain et très empirique.* Et il ajoute : *Mais ces formules ne peuvent devenir scientifiques que lorsqu'on les déduira d'une statistique étendue et d'une expérience prolongée.*

C'est évidemment par là qu'il fallait commencer et non par mettre la charrue avant les bœufs.

Mais quelle sera la conséquence de ce singulier procédé?

Elle nous paraît facile à apercevoir et devoir procurer à la nouvelle organisation le même insuccès que celui qui a frappé la Caisse constituée en 1868.

A défaut de statistique, en effet, le Ministre du commerce et de l'industrie ne pourra déterminer, chaque année, les primes afférentes à chacune des catégories pour l'année suivante qu'en partageant entre les assurés de chaque groupe, dont le nombre pourra être légèrement majoré en prévision de contrats plus nombreux, les charges de l'exercice écoulé également majoré en proportion. De cette répartition, il résultera probablement que la nouvelle prime sera ou paraîtra être si élevée relativement aux indemnités ou aux ressources disponibles que les anciens assurés, dont le contrat n'aura qu'une durée d'un an en vertu de la loi de 1868, disparaîtront et qu'ils ne seront vraisemblablement pas remplacés.

Nous ajouterons que le contrat annuel, qui nécessite une initiative renouvelée tous les ans et peu encouragée, d'ailleurs, par les formalités à remplir, est, à notre avis, avec la prime portable et non quérable, une des principales causes de l'échec de la Caisse que le rapport attribue à la cherté de l'assurance.

Cette cherté ne nous paraît que relative, eu égard à l'avoir très important de la Caisse; mais, considérée au point de vue absolu, elle nous semble fort contestable, car à des primes très modiques correspondent des pensions viagères qui, sans être suffisantes pour faire face à tous les besoins, ne sont cependant pas à dédaigner, vu surtout que pour y avoir droit la dépense à faire est à la portée de l'ouvrier le plus pauvre.

Quant aux indemnités, elle seront servies par la Caisse nationale des retraites qui recevra de la Caisse d'assurance le capital exigé par ses tarifs pour la constitution de chaque rente.

Indemnités. — La Commission a maintenu pour l'assurance, avec le concours de l'État, les indemnités qu'elle met à la charge des chefs d'entreprise en vertu du risque professionnel. Toutefois, elle a supprimé le paiement des frais de la maladie occasionnée par l'accident et elle a strictement limité au tiers du salaire annuel l'indemnité en cas d'incapacité absolue de travail, avec le même minimum de 400 francs pour les hommes et de 250 francs pour les femmes ; de plus, l'indemnité pour incapacité partielle sera évaluée sur ces bases.

Le rapport n'admet pas que l'État assureur puisse couvrir la partie du

risque qui peut donner lieu, en cas d'incapacité absolue de travail, à l'attribution de l'indemnité supplémentaire du second tiers du salaire. Ce
serait, pour l'État, dit le rapporteur, *accepter en même temps le rôle de
partie contestant sa responsabilité dans chaque procès qui naîtrait d'un accident, chose qu'il ne nous a pas paru possible d'admettre.*

Sans blâmer cette réserve délicate que nous trouvons plus adroite que
justifiée, nous pensons qu'elle ne pourra soustraire l'État à l'obligation de
prendre partie quand il s'agira d'apprécier l'importance de l'incapacité partielle dont aura été frappée la victime d'un accident.

Si cette organisation de l'assurance par l'État était adoptée, il ne resterait
en réalité de la loi du 11 juillet 1868 que les dispositions accessoires concernant la procédure à suivre pour obtenir le paiement de l'indemnité assurée, sauf dans le cas d'une assurance contractée par des industriels soumis
aux rigueurs de la loi.

CONCLUSION

La conclusion de cette étude ressort d'elle-même des considérations auxquelles a donné lieu de notre part l'examen de la proposition de la Commission parlementaire sur la responsabilité en cas d'accidents industriels. Nous croyons cependant devoir la formuler en deux mots.

La solution de cette difficile et délicate question ne peut se trouver que dans le droit et l'équité et non dans le parti-pris bien arrêté de mettre à la charge du chef d'entreprise le paiement d'une indemnité par le seul fait qu'un accident aura eu lieu, même si l'accident n'était dû qu'à un cas fortuit ou de force majeure.

Le droit, témérairement invoqué par la Commission, repousse, comme nous l'avons démontré, une telle solution et ce n'est sans doute pas au nom de l'équité qu'elle peut être justifiée.

L'intervention de l'État ne peut d'ailleurs, à notre avis, dans l'état actuel de la législation, se manifester utilement qu'en suppléant aux lacunes du code civil par une réglementation du contrat de travail, c'est-à-dire, en déterminant la nature des obligations que contractent, l'un envers l'autre, le chef d'entreprise et l'ouvrier.

Un règlement d'administration publique préciserait d'une manière rigoureuse, d'après une enquête sérieuse et l'avis d'hommes compétents, les mesures de précaution à prendre, dans chaque groupe d'industries similaires, soit pour diminuer le nombre des accidents, soit pour en atténuer la gravité.

Mais si, parmi les obligations qui incombent au patron, une des premières est de garantir à l'ouvrier une sécurité aussi grande que les prévisions humaines le permettent, celui-ci de son côté doit être tenu de ne point rendre stériles par son fait les précautions qui auraient été prises dans son intérêt.

Faute par l'une des parties de remplir strictement les conditions du contrat naitrait, à son égard, en cas d'accident, une responsabilité dont elle supporterait légitimement tout le poids.

Une enquête immédiate ainsi qu'une procédure rapide feraient disparaître tous les inconvénients que présente le régime actuel, tant sous le rapport des difficultés réelles que rencontre l'établissement de la preuve, que sous le rapport des lenteurs qui, avec juste raison, sont reprochées à l'autorité judiciaire quand elle est appelée à statuer.

Mais, pourra-t-on nous objecter, qu'adviendra-t-il si l'accident provient d'un cas fortuit ou de force majeure?

Il nous paraît incontestable qu'en pareille occurrence, les conséquences de l'accident ne peuvent pas plus atteindre l'une que l'autre des parties auxquelles aucune faute ne pourrait être imputée.

La Commission du travail, en Belgique, propose de résoudre la difficulté au moyen de l'assurance obligatoire à la charge commune du patron et de l'ouvrier. Ce système, fort séduisant au premier abord, nous semble avoir le grand tort de ne présenter que les apparences de l'équité et de frapper, en réalité, le patron par une incidence inévitable.

L'ouvrier, en effet, qui considère son salaire comme à peine suffisant pour faire face aux nécessités de la vie, admettra difficilement que la fraction que la loi lui retire pour constituer l'assurance ne doive pas lui être rendue par le patron auquel il réclamera, vraisemblablement comme un droit, une augmentation qui pourrait peut-être lui être indispensable, en faisant valoir que la contribution qu'il fournit sans son consentement ne peut être considérée comme la rémunération de son travail et qu'enfin, après tout, il faut vivre.

L'assurance commune du patron et de l'ouvrier ne peut être vraie et sincère que si elle est libre et consentie d'un commun accord.

La solution que nous entrevoyons dans le cas où la question de responsabilité devrait être résolue par voie législative paraîtra sans doute aussi imprévoyante que socialiste, quand nous aurons dit qu'il nous paraît tout naturel que la nation qui profite de l'industrie prenne à sa charge, dans une certaine mesure, les victimes des accidents arrivés par cas fortuit ou de force majeure.

Tous les économistes ne déclarent-ils pas que la prospérité d'une nation, sa richesse, le bien-être à la portée du plus grand nombre dépendent de l'état florissant de l'industrie?

Serait-il donc bien excessif et bien déraisonnable de considérer, dans ce cas particulier, l'industrie comme un service public, au bon fonctionnement duquel tout le monde est intéressé et, par suite, aux charges duquel tout le monde doit contribuer, si, surtout, l'on tient compte que l'État accorde fréquemment une garantie d'intérêts pour la construction de quelques kilomètres de chemin de fer quand il ne s'agit souvent, en réalité, que d'un intérêt aussi privé que restreint?

On nous accordera, en tous cas, que la responsabilité du patron, dans un cas fortuit ou de force majeure, est encore moins justifiée que ne le serait l'intervention financière de l'État qui peut donner son concours sans se heurter aux principes du droit et à l'équité comme le fera inévitablement toute autre solution.

En présence des dangers qui paraissent menacer l'industrie nationale, vu les tendances nettement accusées du Parlement, il appartiendrait aux intéressés de prendre l'initiative d'une solution qui reposerait sur la formation de grandes associations d'assurance mutuelle, constituées librement d'un commun accord entre les chefs d'entreprise et leurs ouvriers.

Ainsi, du moins, pourraient être formés entre les membres de la grande famille industrielle ces liens de bienveillance et de confiance réciproques qui seraient le gage le plus précieux de l'établissement de cette paix sociale que tout le monde désire et pour la réalisation de laquelle chacun apporte sa petite formule, mais qui ne peut être obtenue que par la liberté et non par l'intervention trop souvent malencontreuse des pouvoirs publics.

Nous résumerons notre opinion sur le projet de la Commission parlementaire en nous plaçant sous la haute autorité de M. Alfred de Courcy et en lui empruntant son appréciation sur le projet de loi, considérablement aggravé par la Commission, qui a été déposé par M. Lockroy, alors Ministre du commerce et de l'industrie, au nom du Gouvernement:

M. de Courcy s'exprime ainsi :

« Le projet de loi n'a pas été discuté. Il ne le sera peut-être jamais. S'il était discuté, j'espère qu'il ne serait pas voté. S'il pouvait l'être, ce serait une date néfaste dans l'histoire du droit. La liberté des conventions aurait cessé d'exister. Pendant qu'il en est temps encore, j'adjure les légistes de ne pas renverser les règles de la preuve (nous devons dire : de ne pas supprimer toute preuve) au gré d'un ébranlement de nerfs ni d'une argutie ; de ne pas présumer coupables des hommes contre lesquels on ne peut articuler aucun reproche ; de respecter enfin, même quand il s'agit des ouvriers, le grand principe de la liberté des conventions (1). »

_____

(1) *Questions de droit maritime* ; vol. IV.

ANNEXES

Article 1er de la loi allemande sur l'assurance contre les accidents
du 6 juillet 1884.

ÉTENDUE DE L'ASSURANCE

Tous les ouvriers et employés d'exploitation — ces derniers en tant que leur gain annuel en salaire ou traitement ne dépasse pas deux mille marks — occupés dans les mines, salines, établissements de traitement, de préparation ou de lavage du minerai, carrières de pierres, minières (exploitations à ciel ouvert), chantiers de marine et chantiers de construction de bâtiments, ainsi que dans les fabriques et dans les forges, seront assurés, conformément aux dispositions de la présente loi, contre les suites des accidents qui surviennent dans l'exploitation.

La même règle s'applique aux ouvriers et employés d'exploitation qu'un industriel dont l'exploitation s'étend à l'exécution de travaux de maçonnerie, de charpente, de couverture, de taille des pierres et de construction de puits, occupe dans cette exploitation, ainsi qu'aux ouvriers occupés dans l'industrie du ramonage des cheminées.

Sont assimilées dans le sens de la présente loi aux industries spécifiées à l'alinéa 1, les exploitations où il est fait emploi de chaudières à vapeur ou de machines mues par une force élémentaire (vent, eau, vapeur, gaz, air chaud, etc.), à l'exception des exploitations accessoires de l'agriculture et de la sylviculture ne tombant pas sous l'application de l'alinéa 1, ainsi que des exploitations pour lesquelles une machine motrice, ne faisant pas partie de l'établissement industriel, n'est employée que passagèrement.

Pour le reste, sont considérés comme fabriques, dans le sens de la présente loi, particulièrement les établissements industriels dans lesquels est exécutée professionnellement la confection ou la mise en œuvre d'objets, et dans lesquels dix ouvriers au moins sont régulièrement occupés dans ce but, ainsi que les établissements dans lesquels des matières explosives ou des objets explosibles sont produits professionnellement.

L'office des assurances de l'Empire décide quelles exploitations doivent, en outre, être considérées comme fabriques dans le sens de la présente loi (§§ 87 et suivants).

Les dispositions de la présente loi sont également applicables aux établissements industriels, aux exploitations de chemins de fer et de navigation qui sont des parties essentielles de l'une des exploitations désignées ci-dessus.

Par décision du Conseil fédéral, l'obligation à l'assurance peut être exclue pour les exploitations tombant sous la prescription du § 1, quand elles ne présentent pas de danger d'accident pour les personnes qui y sont occupées.

Les ouvriers et employés d'exploitation d'autres industries, non comprises dans l'alinéa 2, et s'étendant à l'exécution des travaux de construction, peuvent, par décision du Conseil fédéral, être déclarés soumis à l'assurance obligatoire.

Projet de loi autrichien sur l'assurance des ouvriers contre les accidents.

ÉTENDUE DE L'ASSURANCE

ARTICLE PREMIER.

Tous les ouvriers et employés occupés dans les fabriques, les usines, les mines non soumises au régime minier, les chantiers maritimes de construction, les chantiers de travaux publics et les carrières, et ceux occupés dans les dépendances de ces divers travaux sont assurés contre les suites des accidents survenus en cours de travail, conformément aux prescriptions de la présente loi.

Cette même loi concerne également les ouvriers et les employés qui sont occupés à tous les métiers qui se rapportent à l'industrie des constructions, ainsi que ceux qui sont occupés à ces constructions elles-mêmes. Cette disposition ne s'applique pas aux ouvriers qui, sans appartenir à un de ces corps de métiers, exécutent seulement quelques réparations à une construction. L'obligation de l'assurance ne s'étend pas non plus aux constructions, sans étage, pour habitation ou exploitation, que le propriétaire, aidé seulement de ses parents et de ses voisins, exécute dans la campagne, à condition que ceux qui travaillent ne soient pas ouvriers de métier.

Sont assimilés aux différents travaux spécifiés dans l'alinéa premier :

1º Tout travail dans lequel on produit ou emploie des matières explosibles ;

2º Tout travail industriel, agricole ou forestier, dans lequel sont employées des machines à vapeur, ou toute autre machine mue par une force élémentaire (vent, eau, vapeur, gaz, air chaud, électricité, etc.), ou par des animaux. Cette disposition ne s'applique pas aux travaux dans lesquels on n'emploie que d'une façon transitoire une machine motrice n'appartenant pas à l'exploitation.

Si dans un travail agricole ou forestier, soumis à l'obligation de l'assurance, la machine motrice spéciale à cet établissement peut être utilisée de façon à ce qu'un nombre restreint d'ouvriers soient seuls exposés aux dangers de son emploi, dans ce cas, l'obligation de l'assurance peut être limitée aux seules personnes exposées à ce danger.

L'assurance contre les accidents consécutifs de leur travail sera, pour les ouvriers et employés occupés dans les mines soumises à la législation minière et pour les établissements qui en dépendent, l'objet d'une loi spéciale.

Sous le nom d'ouvrier, ainsi que d'employé, doivent aussi être compris, dans le sens de la loi, les apprentis, les volontaires, les pratiquants, et toutes les autres personnes qui, par suite de leur instruction technique ou de leur apprentissage incomplets, ne sont pas payées ou n'ont qu'un salaire très bas.

§ 2.

Les prescriptions de cette loi ne sont applicables aux travaux de chemins de fer ou de navigation intérieure, qu'au cas où ces travaux font partie intégrante d'une industrie qui est par elle-même soumise à l'assurance obligatoire. Cependant sont soumis aux dispositions de cette loi les ouvriers et employés qui, bien qu'occupés dans les chemins de fer, ne sont pas atteints par la loi dn 5 mars 1869, en raison du fait qu'ils sont attachés à un service étranger à l'exploitation.

Les prescriptions de la loi ne sont pas applicables aux travaux, relatifs à la navigation qui sont soumis à la législation maritime.

§ 3.

Le ministre de l'intérieur est autorisé à dispenser de l'obligation de l'assurance certaines industries désignées au paragraphe premier et qui ne paraissent pas entraîner de dangers d'accidents pour leur personnel.

De même, le ministre de l'intérieur a le droit d'astreindre à l'assurance obligatoire certaines industries, non désignées au paragraphe premier, et qui paraissent entraîner de certains dangers d'accidents, spécialement des dangers d'incendie.

Les décisions prises, soit dans un sens, soit dans l'autre, en raison de cet article, seront communiquées chaque année au Reichsrath.

Le ministre de l'intérieur est chargé de prendre les arrêtés relatifs aux ateliers mécaniques, ainsi qu'aux moteurs désignés dans le paragraphe premier, alinéa 3.

§ 4.

Cette loi n'est pas applicable aux personnes qui sont occupées à un service de l'État, d'une province, d'une commune, ou d'un établissement public, toutes les fois qu'un accident leur créerait, à eux ou à leurs héritiers, un droit à une pension, dont la rente égalerait ou dépasserait celle établie par les §§ 6 et 7 de la présente loi.

PROPOSITION DE LOI

DE LA COMMISSION DE LA CHAMBRE DES DÉPUTÉS EN FRANCE

N° 2150, *annexe au Procès-Verbal de la séance du 28 novembre 1887.*

TITRE PREMIER

Des indemnités en cas d'accident.

ARTICLE PREMIER

Tout accident survenu dans leur travail aux ouvriers ou employés occupés dans les usines, manufactures, chantiers, mines, minières, carrières, entreprises de transport et en outre dans toute exploitation où il est fait usage d'un outillage à moteur mécanique, donne droit, au profit de la victime ou de ses ayants droit, à une indemnité dont l'importance et la nature sont déterminées ci-après.

Cette indemnité est à la charge du chef de l'entreprise, quelle qu'ait été la cause de l'accident.

Toutefois, il ne sera dû aucune indemnité à la victime qui aura volontairement provoqué l'accident.

ART. 2.

Lorsque l'accident aura occasionné une incapacité absolue de travail, la victime aura droit à une pension viagère dont le montant pourra varier suivant les circonstances.

Cette pension ne pourra pas être inférieure au tiers du salaire moyen annuel de la victime, ni supérieure aux deux tiers de ce salaire. Elle ne pourra, en aucun cas, être moindre de 400 francs par an pour les hommes, ni de 250 francs par an pour les femmes.

ART. 3.

Si l'accident n'a occasionné qu'une incapacité partielle de travail, la pension attribuée à la victime par l'article précédent sera diminuée dans la proportion de la capacité de travail restante.

ART. 4.

Si l'accident a été suivi de mort, l'indemnité comprendra:

1° Vingt fois le salaire quotidien de la victime à titre de frais funéraires;

2° Une rente au profit des ayants droit de la victime à partir du jour du décès à savoir:

A. — Pour la veuve du mort, jusqu'à son décès ou jusqu'à ce qu'elle contracte un nouveau mariage, une rente égale à 20 0/0 du salaire moyen annuel de la victime.

B. — Pour les enfants orphelins de père jusqu'à l'âge de quatorze ans accomplis, une rente calculée sur le salaire moyen annuel de la victime à raison de 15 0/0 de ce salaire s'il n'y a qu'un enfant, de 25 0/0 s'il y a deux enfants, de 35 0/0 s'il y a trois enfants et de 40 0/0 s'il y en a quatre ou un plus grand nombre. Si les enfants sont orphelins de père et de mère, cette rente sera portée pour chacun d'eux à 20 0/0 du salaire moyen annuel de la victime. L'ensemble des rentes accordées aux enfants ne pourra dans aucun cas dépasser 40 0/0 du salaire moyen de la victime, s'il y a une veuve, ni 50 0/0 de ce salaire, s'il n'y a que des enfants. Chacune de ces rentes devra le cas échéant être réduite proportionnellement.

C. — Si la victime était célibataire, ou veuf ou veuve sans enfants, pour les père et mère sexagénaires ou pour la mère veuve quel que soit son âge, dont la victime était un soutien indispensable, ou à défaut de ceux-ci pour les aïeul et aïeule sexagénaires de la victime, une rente à chacun d'eux égale à 10 0/0 du salaire moyen annuel de la victime.

Art. 5.

En cas de nouveau mariage, la veuve recevra une somme égale à trois fois le montant de la rente annuelle qui lui aura été attribuée en vertu de l'article précédent, et cette rente prendra fin à dater du jour du nouveau mariage.

La veuve n'a droit à indemnité que si le mariage était contracté avant l'accident.

Art. 6.

Les enfants naturels reconnus avant l'accident auront droit à la pension déterminée dans l'article 4, alors même qu'ils viendraient en concours avec des enfants légitimes.

Art. 7.

Dans le cas où l'accident aurait occasionné la mort d'une femme mariée, le mari s'il reste des enfants issus du mariage recevra à titre d'indemnité une somme égale à deux années du salaire de la femme sans que cette somme puisse dépasser 2,000 francs.

Art. 8.

Dans tous les cas d'accidents ayant occasionné des blessures ou la mort, les frais de maladie, en outre des indemnités déterminées dans les articles, 2, 3, 4, 5, 6 et 7 de la présente loi seront aussi à la charge du chef de l'entreprise, sans que ces frais puissent toutefois dépasser la somme de cent francs (100 fr.).

Pendant la maladie provenant des suites de l'accident et l'incapacité temporaire de travail, la victime recevra une indemnité égale à la moitié de son salaire, sans que cette indemnité puisse être supérieure à 2 fr. 50 c. par jour.

Cette indemnité temporaire ne sera servie que pendant une période de temps ne dépassant pas trois mois à dater du jour de l'accident. Après ce délai, il sera fait droit au règlement de l'indemnité prévue par les articles 2 et 3 de la présente loi. Toutefois, si les conséquences de l'accident n'ont pas produit tout leur effet sur l'état de la victime, le juge pourra surseoir au jugement pendant un temps au cours duquel l'indemnité temporaire prévue au présent article continuera à être servie.

ART. 9.

La responsabilité du chef d'entreprise en raison d'accidents survenus dans les conditions prévues à l'article premier est déterminée par les dispositions de la présente loi dans tous les cas sauf celui où une condamnation pénale aurait été prononcée contre lui en raison de l'accident.

Les indemnités prononcées à la suite de cette condamnation ne se cumuleront pas avec celles prévues par la présente loi.

TITRE II

Détermination du salaire moyen.

ART. 10.

Le salaire moyen annuel, au sens de la présente loi, s'entend d'une somme égale à trois cents fois le salaire quotidien de l'ouvrier au moment de l'accident. Si une portion du salaire est fournie en nature, le juge fera l'évaluation des choses fournies suivant les usages et les prix du lieu.

Si l'ouvrier ou l'employé est payé à la semaine, le salaire annuel moyen s'entend de cinquante fois le salaire de la semaine ; s'il est payé au mois, le salaire moyen annuel s'entend de douze fois le salaire mensuel.

Si l'ouvrier est payé à la tâche ou à la pièce, le salaire moyen annuel s'entend d'une somme égale à trois cents fois le gain moyen des quinze jours de travail qui ont précédé l'accident ou, si l'ouvrier était depuis moins longtemps occupé à l'entreprise, des jours pendant lesquels il a travaillé.

Pour l'ouvrier, mineur de dix-huit ans, et l'apprenti, victimes d'un accident, le salaire moyen annuel ne sert de base à la fixation de l'indemnité que s'il est égal ou supérieur à une somme composée de trois cents fois le salaire quotidien le plus bas des ouvriers de la même profession, occupés dans l'entreprise où l'accident a eu lieu. Dans le cas contraire, le calcul des indemnités sera basé sur cette dernière somme.

TITRE III

De la déclaration des accidents et de l'enquête.

ART. 11.

Tout accident survenu dans une des entreprises prévues dans l'article premier de la présente loi sera l'objet d'une déclaration par le chef de l'entreprise ou, à son défaut et en son absence, par son préposé.

Cette déclaration devra être faite dans le délai de vingt-quatre heures, à dater du moment de l'accident.

Elle sera faite concurremment devant le maire de la commune et devant le juge de paix du canton, qui en dresseront chacun procès-verbal.

La forme de ce procès-verbal sera déterminée par un règlement d'administration publique.

Récépissé sera délivré séance tenante au déposant.

ART. 12.

Dans les vingt-quatre heures de la déclaration le juge de paix devra procéder à une enquête à l'effet de constater :

1° La cause, la nature et les circonstances de l'accident ;

2° La personne ou les personnes tuées ou blessées ;

3° La nature des blessures produites ;

4° Le lieu où se trouvent les personnes blessées ou tuées ;

5° Les parents des personnes tuées ou blessées dans l'accident et qui pourraient prétendre à une indemnité.

ART. 13.

Le juge de paix commettra immédiatement un médecin et au besoin un expert, homme de l'art qui, l'assisteront dans l'enquête. Elle aura lieu contradictoirement, en présence des parties intéressées, ou elles dûment convoquées par billet d'invitation décerné sur l'heure.

ART. 14.

L'enquête devra être close dans le délai de huit jours francs, à dater de son ouverture.

La minute en sera conservée au greffe de la justice de paix. Le juge de paix avertira par simple lettre les parties, de la clôture de l'enquête et du dépôt de la minute au greffe où elles pourront toujours en prendre connaissance ou copie.

Expédition devra en être délivrée sur papier libre, à la demande et aux frais des intéressés.

TITRE IV

De la fixation de l'indemnité et de la procédure.
Dispositions pénales.

Art. 15.

Le dossier de l'enquête prévue à l'article 12 de la présente loi sera le jour même de la clôture transmis au président du tribunal de l'arrondissement où l'accident aura eu lieu.

Dans les huit jours de cette transmission, le président convoquera les parties en son cabinet à l'effet de tenter une conciliation.

Si les parties se concilient, le président rendra une ordonnance qui constituera le titre des parties.

Si les parties ne tombent pas d'accord, le président les renverra devant le tribunal qui statuera comme en matière sommaire, conformément au titre 24 du livre II du Code de procédure civile.

Les parties pourront être représentées par fondés de pouvoir.

Art. 16.

La victime d'un accident ou ses ayants droit jouiront, de plein droit, du bénéfice de l'assistance judiciaire pendant toute la procédure et pour l'exécution du jugement.

Dès la réception du dossier de l'enquête, le président du tribunal invitera le président de la Chambre des avoués et le syndic des huissiers à désigner un avoué et un huissier pour assister la victime ou ses ayants droit.

Art. 17.

Les jugements, rendus en vertu de la présente loi, seront exécutoires par provision, nonobstant opposition ou appel.

Ils pourront être exécutés sur simple extrait qui devra être délivré par le greffier du tribunal, dans le mois du prononcé du jugement.

Il en sera de même pour l'exécution des ordonnances de conciliation.

Art. 18.

Tous les deux mois sera dressé, par les soins du président du tribunal, un tableau présentant l'état d'avancement des affaires en cours d'instance.

Ce tableau sera communiqué au procureur général par les soins du procureur de la République. Il restera, en outre, au greffe à la disposition des intéressés.

Art. 19.

Seront punis d'une amende de 50 francs au moins et de 500 francs au plus, les chefs d'industrie ou leurs préposés qui auront contrevenu aux dispositions de l'article 11 de la présente loi.

L'article 463 du Code pénal est applicable aux condamnations prononcées en vertu du paragraphe précédent.

Art. 20.

Les rentes, pensions et indemnités accordées aux victimes d'accident ou à leurs ayants droit en vertu de la présente loi sont incessibles et insaisissables ; elles sont, en outre, privilégiées au même titre que celles énumérées dans l'article 2101 du Code civil.

En cas d'assurance contractée par le chef de l'entreprise, l'ouvrier ou l'employé victime d'un accident et ses ayants droit auront un privilège dans les termes de l'article 2102 du Code civil sur l'indemnité due par l'assureur.

Art. 21.

L'action en indemnité prévue par la présente loi se prescrit par un an à dater du jour de l'accident.

Art. 22.

Toute convention contraire à la présente loi est nulle de plein droit.

TITRE V

Des Syndicats d'assurance mutuelle.

Art. 23.

Les chefs d'entreprise pourront former entre eux des syndicats à l'effet de constituer des caisses d'assurance mutuelle contre les risques prévus par la présente loi.

Ces caisses seront basées sur la répartition annuelle des charges résultant des accidents.

Art. 24.

Les statuts des syndicats prévus par l'article précédent devront satisfaire aux conditions suivantes :

1º Un capital divisé en parts ou actions et égal à la quarantième partie au moins du total des salaires annuels payés dans l'année qui précède, par les membres du syndicat, devra être constitué et effectivement versé avant l'entrée en fonctions du syndicat. Le nombre des établissements syndiqués devra être au moins de dix ;

2° Une commission spéciale sera instituée par les statuts à l'effet d'établir un tarif des risques d'accidents que peuvent présenter les exploitations syndiquées et aussi de classer tous les ans chaque établissement syndiqué dans l'une des catégories dudit tarif de risques ;

3° Les indemnités encourues pendant l'année par l'ensemble des membres du syndicat, ainsi que les frais généraux du syndicat, seront répartis en proportion du montant des salaires annuels payés par chacun d'eux multipliés par le taux du tarif de risques qui lui est applicable ;

4° Les statuts détermineront les conséquences des cessations d'exploitation et notamment le moyen de garantir le recouvrement des contributions encourues par les chefs d'industrie qui cessent leur exploitation.

ART. 25.

Les statuts des syndicats prévus en l'article 23 devront être soumis à l'homologation du Ministre du Commerce. A cet effet, ils seront déposés à la préfecture du département où les syndicats auront leur siège social, au moins trois mois avant leur mise en vigueur.

Si, dans les trois mois du dépôt des statuts à la Préfecture, le Ministre du Commerce n'a pas pris une décision refusant l'homologation, cette homologation sera tenue pour acquise.

Appel de la décision du Ministre refusant l'homologation pourra toujours être fait devant le Conseil d'État.

ART. 26.

La Caisse nationale d'épargne est autorisée à ouvrir, aux syndicats prévus par les articles précédents, un compte courant portant intérêt et dont le montant n'est pas limité.

Au crédit de ce compte sera versé en dépôt, à titre de garantie, une somme égale au capital minimum prévu au paragraphe 1er de l'article 24.

L'intérêt de ce capital pourra être retiré annuellement par les syndicats.

Au débit du même compte, la Caisse nationale d'épargne paiera, sur état certifié par l'Administration des syndicats, les indemnités dues conformément à la présente loi. Ces paiements auront lieu à titre d'avances portant intérêt à 4 0/0.

ART. 27.

Chaque année, la Caisse nationale d'épargne fournira aux syndicats un extrait de leur compte d'avances et d'intérêts.

La somme nette des avances faites, intérêts compris, sera remboursée à la Caisse nationale d'épargne dans les trente jours de la remise du compte.

Seront reçus par la Caisse nationale d'épargne, en remboursement de ses avances, les mandats de répartition à fournir par les syndicats sur leurs membres.

conformément au paragraphe 3 de l'article 24. Ces mandats seront encaissés sans frais ni commission par l'Administration des postes et télégraphes.

Les mandats irrécouvrés sont retournés au syndicat; ils sont portés en débit au compte d'avances et compris dans la répartition du prochain exercice.

Art. 28.

La Caisse nationale des retraites constituera sur versements à capital aliéné, effectués entre ses mains par les syndicats ou par la Caisse nationale d'epargne en leur nom, les rentes viagères ou à terme attribuées aux victimes d'accidents, à leurs veuves, à leurs enfants mineurs ou à leurs ascendants en vertu de la présente loi, quel que soit l'âge des ayants droit. Les rentes au profit des veuves comporteront le paiement de la somme qui leur est attribuée par l'article 5 pour le cas où elles se remarieraient.

Des tarifs pour la constitution de ces rentes seront établis par cette Caisse dans les six mois de la promulgation de la présente loi. Ces tarifs seront revisés au moins tous les cinq ans.

Art. 29.

Les membres des syndicats demeurent solidairement responsables des avances faites par la Caisse nationale d'épargne et des capitaux à verser à la Caisse nationale des retraites.

TITRE VI

De l'assurance sous la garantie de l'Etat.

Art. 30.

La Caisse d'assurance en cas d'accident, créée par la loi du 11 juillet 1868, est autorisée à effectuer des assurances ayant pour objt de garantir, dans les limites indiquées ci-après, les chefs d'entreprise contre les conséquences pécuniaires de la responsabilité déterminée par la présente loi.

Art. 31.

L'assurance prévue par l'article précédent garantit :

1° En cas d'incapacité absolue de travail, une rente viagère égale au tiers du salaire de la victime, sans que cette rente puisse être moindre de 400 francs pour les hommes, ni de 250 francs pour les femmes;

2° En cas d'incapacité partielle de travail, une fraction de la rente viagère précédente proportionnelle à l'incapacité de travail constatée;

3º En cas de mort, les rentes et indemnités prévues aux articles 4, 5, 6, 7 et 8, § 1, de la présente loi ;

4º En cas d'incapacité temporaire de travail, l'indemnité prévue par l'article 8, § 2, de la présente loi.

Art. 32.

L'assurance contre les conséquences pécuniaires de la responsabilité en cas d'acccident est contractée à peine de nullité collectivement pour tous les ouvriers et employés d'une exploitation.

Elle a lieu pour une année sur une liste nominative des ouvriers et employés de l'entreprise et moyennant une prime calculée sur l'ensemble des salaires moyens annuels, sans que le salaire individuel d'un assuré puisse être compté pour moins de 1,200 francs pour les hommes et de 750 francs pour les femmes.

Les changements survenus dans la composition du personnel de l'entreprise seront notifiés tous les trois mois à la Caisse d'assurance. Si ces changements accusent une augmentation de l'ensemble des salaires des ouvriers et employés, la prime sera perçue sur le montant de cette augmentation pour le trimestre suivant.

Ne seront garanties par l'assurance que les indemnités encourues en raison d'accidents survenus à des ouvriers ou employés compris dans la dernière liste nominative, ou occupés depuis moins de trois mois et un jour après la date de la dernière notification de changement à cette liste.

Art. 33.

L'assurance pourra exceptionnellement et pour des entreprises qui ne fonctionnent qu'une partie de l'année, être faite pour une durée de trois mois seulement et moyennant une prime égale au tiers de la prime annuelle.

Dans ce cas elle a lieu sur une déclaration indiquant le nombre moyen des ouvriers et employés de l'entreprise et le montant total de leurs salaires moyens annuels.

Les indemnités encourues ne seront garanties par cette assurance que si le nombre des ouvriers et employés occupés à l'entreprise au moment de l'accident ne dépasse pas de 20 0/0 le nombre moyen déclaré lors de l'assurance.

Art. 34.

Les industries sont classées en vue de l'assurance en cinq catégories, suivant les risques d'accident qu'elles comportent.

Ce classement sera revisé chaque année d'après les résultats constatés à l'année précédente, et, s'il y a lieu, modifié par décision du Ministre du Commerce, prise sur le rapport de la Commission supérieure de la Caisse d'assurance.

En tout temps le Ministre du Commerce pourra, sur le rapport du directeur de la Caisse d'assurance en cas d'accidents, classer, par assimilation à l'un ou l'autre des tableaux prévus aux paragraphes précédents, toute industrie nouvelle ou toute industrie qui aurait été omise à ces tableaux.

Pour la première année, à dater de la promulgation de la présente loi et jusqu'au 31 décembre suivant, les industries sont classées conformément aux tableaux A, B, C, D et E annexés à la présente loi.

Art. 35.

Chaque année, par une décision qui devra être insérée au *Journal officiel* le 1er octobre au plus tard, le Ministre du Commerce, sur le rapport de la Commission supérieure de la Caisse d'assurance fixera le taux des primes d'assurance pour l'année qui commencera le 1er janvier suivant.

Ce taux sera calculé sur les résultats de l'année antérieurement connue, et de manière à ce que le montant des primes perçues couvre entièrement les prévisions de dépenses de la Caisse d'assurance.

Art. 36.

Pour la première année, à dater de la promulgation de la présente loi et jusqu'au 31 décembre suivant, les primes sont fixées ainsi qu'il suit pour chaque mille francs du salaire moyen des ouvriers et employés de l'entreprise assurée :

Industries classées au tableau A . . . . . . Francs. 24
—   —   B 18
—   —   C 12
—   —   D 9
—   —   E 6

Ces primes sont diminuées de 25 0/0 pour les femmes.

Art. 37.

La Caisse d'assurance en cas d'accident est, en outre, autorisée à effectuer des assurances ayant pour objet de payer aux personnes autres que celles désignées dans l'article premier de la loi ou à leur ayants droit, les pensions et indemnités en cas d'accident, déterminées à l'article 31 de la présente loi.

Ces assurances auront lieu :

1° Pour les personnes travaillant pour leur compte dans des industries comprises à l'un des tableaux A, B, C, D et E annexés à la présente loi, moyennant le paiement de la prime correspondante à ce tableau ;

2° Pour les personnes occupées à des travaux agricoles ou industriels dans des entreprises autres que celles comprises à ces tableaux, moyennant le paiement d'une prime égale aux neuf dixièmes de celle déterminée pour les industries classées au tableau E, sans que cette prime puisse être inférieure, par personne assurée, à 6 fr. 50 c. pour les hommes ni à 4 francs pour les femmes.

Si l'assuré travaille pour son compte, le montant de la prime à payer et celui des indemnités à servir en cas d'accident seront calculés d'après l'indication d'un gain annuel conventionnel qui ne pourra être moindre de 1,200 francs par an, ni supérieur à 2,000 francs.

Le taux de la prime pourra être modifié chaque année par décision du Ministre du Commerce, prise conformément aux dispositions de l'article 35 de la présente loi.

Art. 38.

Les contrats d'assurance prévus par l'article précédent pourront stipuler que l'indemnité en cas d'incapacité absolue du travail sera de la moitié ou des deux tiers du salaire servant de base à la prime et que l'indemnité, en cas d'incapacité partielle de travail, sera calculée sur ce taux, conformément aux dispositions de l'article 31.

Dans ce cas la prime sera augmentée de 30 0/0 si l'indemnité ainsi prévue est de moitié du salaire, et de 60 0/0 si cette indemnité est des deux tiers du salaire.

Art. 39.

Les demandes de pensions ou d'indemnités prévues par les articles 35 et 36 seront réglées conformément aux dispositions du décret du 10 août 1868 portant règlement d'administration publique pour l'exécution de la loi du 11 juillet 1868.

Les indemnités et pensions déterminées par les articles 30 et 31 seront liquidées sur la production d'un extrait de l'ordonnance de conciliation du jugement ou de l'arrêt prévus aux articles 15 et suivants de la présente loi.

Art. 40.

Les rentes viagères ou à terme qui seront à la charge de la Caisse d'assurance, en vertu de la présente loi, seront servies par la Caisse des retraites moyennant la remise qui lui sera faite par la Caisse d'assurance du capital nécessaire à la constitution desdites rentes, d'après les tarifs de la Caisse des retraites.

Art. 41.

La Caisse nationale des retraites délivrera gratuitement des certificats constatant l'inscription à son Grand-Livre des rentes qu'elle est chargée de servir en vertu de la présente loi. Ces certificats seront transmis par la Caisse nationale d'épargne aux syndicats d'assurance mutuelle et par la Caisse d'assurance en cas d'accident aux assurés.

Les inscriptions hypothécaires qui auraient pu être prises sur les biens des chefs d'entreprise en raison des rentes prévues à la présente loi seront rayées sur la présentation de ces certificats.

Tableau A

Scieries mécaniques ; — entreprises de couverture de bâtiments ; — plombeurs et zingueurs en bâtiments ; — fabriques de matières explosives et de feux d'artifice ; — cartoucheries ; — mines de houille, fours à coke et fabriques d'agglomérés ; — fabrique d'asphaltes ; industrie des transports ; camionnage, roulage ; chemins de fer ; — emploi de locomobiles, de moteurs mécaniques divers, de machines à battre le blé, à hacher la paille.

Tableau B

Carrières de pierre, de marbre, d'ardoise ; — usines à chaux, ciment ; — entreprises de bâtiments et maçonnerie ; — charpentiers ; — entreprise de peinture en bâtiments ; — puisatiers ; — brasseries ; — fabriques et raffineries de sucre ; — fabriques de papier et de carton ; — construction de navires ; — fabriques d'amidon et de glucose ; — fabriques de pâtes alimentaires ; — fabriques de chocolat, de cacao, de chicorée ; — usines pour la préparation de légumes secs et de conserves alimentaires ; — distilleries d'alcool ; — hauts fourneaux et aciéries ; — fonderies et laminoirs de fer et d'acier ; — fabriques de parquets, menuiseries ; — tonnellerie ; — tourneurs et découpeurs de bois et métaux.

Tableau C

Moulins à farine et à riz ; — fabrique de produits chimiques et d'engrais ; — équarrissage ; — carrières de plâtre et d'argile et mines autres que les mines de houille ; — ateliers de construction de machines et d'outils ; — usines à gaz ; — fabriques de vernis et de goudrons ; — fabriques et raffineries d'huiles minérales et d'essence ; — fonderies de suif, fabriques de bougies, de chandelles et de savons ; — fabriques de dégras et de graisses ; — fabriques d'essences et de parfumerie ; — poteries ; — fabriques de faïences et porcelaines ; — verreries.

Tableau D

Fabriques de plomb de chasse et balles ; — fabriques d'objets en bronze, en zinc, en plomb, etc. ; — fonderies de cuivre, de zinc, etc. ; — chaudronneries et fabriques d'objets de fer-blanc et de tôle ; — fabriques de clous, de vis, écrous, chaines ; — fabriques de crayons ; — fabriques de serrures, de couteaux, de faux ; — fabriques de coffres-forts ; — fabriques de plumes métalliques, d'aiguilles et d'épingles ; — filatures et tissages mécaniques.

Tableau E

Fabriques de papiers peints, de toile cirée, de cuirs et courroies de transmission ; — fabriques de caoutchouc, de gutta-percha ; — tanneries ; — ateliers de cartonnage et de reliure ; — fabriques de bouchons, de peignes, de balais, de cannes, ombrelles et parapluies ; — fabriques de brosses et pinceaux ; — fabriques d'eau minérale artificielle ; — fabriques de vinaigres ; — fabriques de chapeaux et de casquettes ; — fabriques de feutre, de fourrures et de pelleterie ; — fabriques de gants et de souliers ; — imprimeries typographiques et lithographiques ; — fabriques de caractères typographiques ; — fabriques d'instruments de mathématiques, de physique, de chimie et de chirurgie, etc. ; — fabriques de lampes et d'appareils d'éclairage ; — fabriques d'orfèvrerie d'or et d'argent et de bijouterie ; — tréfilerie d'or et d'argent.

TABLE DES MATIÈRES

Proposition de la Commission parlementaire.

CHAPITRE III

CHAPITRE IV

CHAPITRE V

CHAPITRE VI

CHAPITRE VII

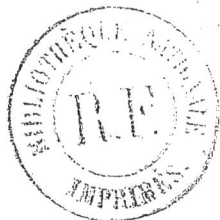

www.ingramcontent.com/pod-product-compliance
Lightning Source LLC
Chambersburg PA
CBHW050605210326
41521CB00008B/1126